PART 3

43 指導案のカベをのりこえる！

44 指導案に必要なのはアレンジの考え方

製作

- 46 小麦粉粘土（0歳児2月指導案）＋Let's アレンジ！
- 50 新聞紙あそび（1歳児2月指導案）＋Let's アレンジ！
- 54 ひらひらちょうちょ（3歳児6月指導案）＋Let's アレンジ！
- 56 いろいろきのこ（にじみ絵）（3歳児9月指導案）＋Let's アレンジ！
- 60 絵本からの折り紙製作（4歳児2月指導案）＋Let's アレンジ！
- 64 紙で作るマイペット（5歳児10月指導案）＋Let's アレンジ！
- 68 へんてこタワー（5歳児10月指導案）

身体活動・表現

- 70 サイコロコロコロ（1歳児2月指導案）＋Let's アレンジ！
- 74 オオカミさん今何時（2歳児2月指導案）＋Let's アレンジ！
- 78 その手を○○に（3歳児6月指導案）＋Let's アレンジ！
- 82 フルーツバスケット（4歳児6月指導案）＋Let's アレンジ！
- 86 リズムあそび（4歳児10月指導案）＋Let's アレンジ！
- 90 しっぽとり（5歳児6月指導案）

92 **column** ルールのあるあそびの特性を考えてみよう！

絵本・シアター

- 94 くだものの絵本（0歳児2月指導案）
- 96 トイレから絵本まで（2歳児6月指導案）＋Let's アレンジ！
- 98 参加型絵本（3歳児9月指導案）＋Let's アレンジ！
- 100 歌のパネルシアター（4歳児6月指導案）＋Let's アレンジ！
- 104 お話のパネルシアター（3〜5歳児10月指導案）＋Let's アレンジ！
- 108 紙芝居（3〜5歳児6月指導案）＋Let's アレンジ！

110 **column** 絵本選び・読み聞かせのポイント／絵本リスト

113 備えて安心
保育実習の不安撃退！ Q＆A

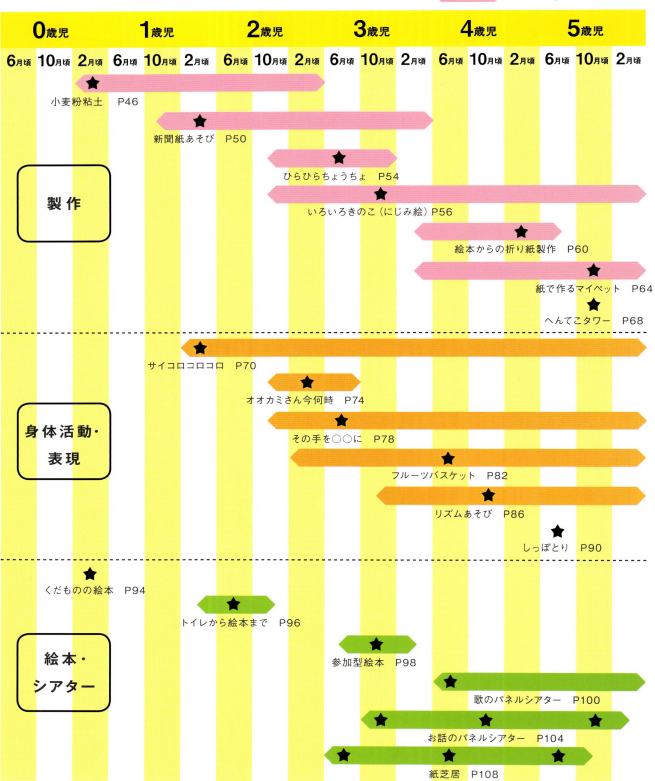

3つのカベをのりこえる！
保育実習リアルガイド

不安　日誌　指導案

監修／岸井慶子
編著／保育実習研究部会

はじめに
"実習生"になる"あなた"へ

これから実習に行かれるのでしょうか？ 来週から？ 1か月後？ まさか明日からなんてことはないでしょうね。

楽しみですか？ それとも不安ですか？ あるいは「さあ！ しっかり準備しよう」と張り切っていますか？

楽しいですよ〜、実習は。毎日子どもの顔を見られるのですから。

子どもってホントに"面白い"し"不思議"なのです。こちらが想像できないようなことを考えていたり、訳がわからなかったり。（それが、わかったとき、最高なんです！ 鳥肌が立つくらい、ゾゾッとします。そうなったらもうあなたは保育の仕事から逃れられません。）

子どもって、ホントに"かわいい"のです。赤ちゃんのあの無垢な寝顔、「お姉さん（お兄さん）大好き！」と言いながら抱きついてきたときのあの感触。真剣に何かに取り組んでいるときに見せる、哲学者か科学者のような表情。

子どもってホントに"スゴイ"のです。ここに書ききれません。ぜひ、あなたにとっての"子どもって……"を見つけてきてください。

そうはいってもやっぱり不安を感じている"あなた"。

何が不安？ ただ漠然とした不安ですか？ ちょっと冷静に考えてみてください。毎年毎年、日本中の幼稚園や保育所に何万人というあなたのような資格取得希望者が実習生として通っています。不安がない人などいるでしょうか。みんな不安なのです。不安で、立ち止まって前に進まな

いか。不安は抱えながらも精一杯やってみるか。どちらにしますか？

もちろんこの本を手に取ってくださった"あなた"は、もうすでに一歩前に踏み出したのですね。この本は、少しでも解決に役立ちたい、一緒に不安に立ち向かいたい、そのようなことを願って作られました。

そして「保育者になるために実習は貴重な機会であり……」とか「……であるから、免許・資格を取得するには必ず……」などと、皆さんが学校で十分に勉強してこられたことは書いてありません。つまり、「こうあるべき」という正しいことを教えようとする姿勢ではなく、今まさに実習生として保育の現場に出掛けようとしている"あなた"の目線から、"あなた"の不安から出発しそこに寄り添い、のりこえることを応援しようとして書かれています。

「行かなくてはならない（義務や強制）」「行かないと保育者になれない（脅し？）」実習ではなく、体当たりでぶつかって何かをつかんでくる実習になってほしいと願って、そのための具体例や説明が多く書かれています。ぜひ参考になさって、充実した実習を体験してきてください。子どものシャワーをいっぱい浴びてきてください。子どもの声、子どもの言葉、そして子どもの気持ちを身体中にたくさん吸い込んで。頑張れ"実習生"！

また、本書は現場におられる若い保育者の方々や実習担当の方々にとっても参考になることを願って著されています。手に取って、日々の保育や実習生の指導に役立てていただけたら、執筆者一同の喜びです。

岸井 慶子

目次

6　Part3　指導案早見表

PART1
7　**不安のカベをのりこえる！**

8　先輩はこう過ごした！　実習生のリアルな一日
10　これはマスト！　先輩のリアルな実習持ち物
13　先輩の声を聞け!!　実習リアル座談会
18　不安が吹き飛ぶ！　先輩の実習リアルアドバイス

20　column　実習で何をがんばるの？

PART2
21　**日誌のカベをのりこえる！**

22　日誌に必要なのは保育を見る着眼点

24　**乳児クラス　日誌 & 写真で見る目の付けどころ**
25　●登園時　●登園後のあそび
26　●生活場面（排せつ・おむつ替え・着替え・おやつ）
29　●主活動
30　●生活場面（昼食・午睡）
33　●午睡明け～おやつ前のあそび　●夕方のあそび　●降園

34　**幼児クラス　日誌 & 写真で見る目の付けどころ**
35　●保育室の環境構成　●登園・受け入れ・身支度
36　●好きなあそび
39　●片付け　●クラスの活動
41　●昼食　●帰りの集まり・降園

42　column　日誌はもっと楽しめる！

PART1

不安のカベをのりこえる！

みなさんが抱えているその不安。もやもや〜っとした重たい気持ち。
正体不明のそのカベをのりこえるため、
本書では、400人の先輩たちの声を徹底リサーチ。
そのリアルな声の中に、あなたの不安に響くヒントがきっとあります！

アンケート・取材協力／
和泉短期大学2年生、武蔵野短期大学2年生、和洋女子大学4年生の学生さんたち
アンケート回答数：410名

先輩はこう過ごした！ 実習生のリアルな一日

ふだんの生活リズムとは異なる実習期間中は、時間の使い方にも戸惑うもの。日誌に指導案に……とやることもたくさんだから、家での過ごし方も工夫が必要です。先輩の実習期間中のリアルな過ごし方をチェックして、これから始まる実習生活の参考にしてみよう！

実習を重ねて築かれる？
アンケート平均タイプ

YUKIさん

7:00	起床・支度
7:30	朝食
8:00	出発
8:20	園に到着
17:00	帰宅
17:30	日誌の作成
19:30	夕食
20:00	入浴
20:30	翌日の準備
21:00	日誌の作成
23:00	就寝

（集中力が続くところまでやる）
（夕食などで気分転換後、続きを始める）

初めての実習は、大体こうなる。
寝不足タイプ

おぎゃわまなていさん

7:20	起床・支度・お弁当をつめる
7:40	出発
8:20	園に到着
17:00	帰宅・シャワーを浴びる・日誌の作成
20:00	夕食・食後に日誌の作成
23:00	仮眠
24:00	日誌の作成
3:00	指導案の作成・翌日の準備
4:00	就寝

（支度を極力少なくする）
（限界を迎えたら一度休む）

朝のすきま時間を有意義に
活用タイプ

なつぽんさん

6:30	起床・支度
6:45	朝食
7:15	ピアノの練習
7:30	出発
8:00	園に到着
17:30	帰宅
18:00	入浴
18:30	夕食
19:00	日誌・指導案の作成
24:30	翌日の持ち物の準備・部分実習の確認
1:00	就寝

（朝の時間を有効活用）
（早く済ませて日誌の時間を多く確保）

先輩400人のリアルデータ
実習期間中の時間の使い方極意

【起床・睡眠編】
- 日誌が終わらなくても24時には寝ること。事前に日誌に線や日付、クラスなどを書いておく。（K.A）
- 早めに起きて余裕をもった。出る前に手あそびなど、今日はどれをやろうか準備した。（うらちゃん）
- 朝早く起きて、テレビなどを見る時間をつくり余裕を持つ。（ねお）
- 睡眠しない日がないようにした。最低時間として3時間はとった。（ダイアン）
- 電車で睡眠時間を稼ぐ。（ラビット）
- 実習期間中はほとんどテレビを見ず、できる限り睡眠にまわしてました。（らん）
- 遅刻は絶対にしないよう、毎日かなり余裕を持って早く起きる。（Sunny）

【準備編】
- 寝る前には部分実習の用意やイメージトレーニングをした。（ゆうか）
- 園に遅れる可能性も考え、天気予報などはチェックしていました。持ち物はメモに書いておいて、考えなくても見るだけで準備できるようにしていました。（くまごろう）
- 幼稚園実習ではお弁当が必要だったので、休みの日におかずを作ってカップに分けて冷凍しておいて、朝詰めるだけにしておいた。さつまいも系が便利。（ミスター）
- 翌日の服装を前日に決めておく。（えりこ）
- 休日にできる限りの準備をしておく。（匿名）

【日誌編】
- メモが禁止の園だったので、帰ってすぐに思い出したことを紙にバーッと書いていました。（にのたろう）
- 日誌は帰宅後すぐやる。終わるまではスマホもいじらない。（あらじん）
- 園での休憩時間に日誌を書く。（匿名）
- 日誌をやるとき、集中できないため、友達と電話（無言）をして、互いに終わるよう焦らす。（なるせ100%）
- 帰宅中に日誌に書く内容をケータイのメモに残し、少しでも早く就寝するようにした。（ヒューゴ）
- ご飯を食べる前に日誌とお風呂を済ませておくと、日誌は眠くならず、髪の毛も少し乾く。（ちょこび）
- 帰ってきたらすぐ座らずに、まず家事をすべてやってしまう。その後、落ち着いたら日誌を書く。（匿名）

【その他】
- 朝に読み聞かせをして声を出す。（鉄子）
- 園出発直前に、「頑張るぞ！」とひとこと。それを毎日の日課にし、自分で気合を入れていました。（ゆず）
- 8時登園でしたが、余裕をもって30分前に着くようにしていました。（あいちゃん）
- 園に少し早く到着するように出発して、朝礼の時間までピアノの練習をしていた。（クッキー）
- 自宅にピアノがなかったため、実習先から許可をいただき実習後にピアノの練習を30分程させていただきました。（みよし）

Part 1 不安

先輩400人のリアルデータ
日誌と睡眠時間のホント

時間の使い方は人それぞれ。自分に合った生活リズムを見つけよう。

●園以外で日誌（指導案）を書くタイミング
- 帰宅後から就寝する前まで 97%
- 起床後 2%
- 降園後、自宅に帰る前に 1%

就寝前に日誌を終わらせる人が多数！　一気に仕上げる派、途中に仮眠派など方法はさまざまでした。個人情報保護のため、自宅以外で日誌を書くのは避けましょう。

●自宅で日誌（指導案）を書くのにかかる時間
- ～60分 7%
- ～120分 25%
- ～180分 28%
- ～240分 23%
- ～300分 14%
- 300分～ 3%

作成時間が短めの人は、園にいる間に記入できたという人も。平均日誌作成時間は178分でした。

●実習期間中の平均睡眠時間
6時間47分

日誌や指導案に時間がかかるけれど、工夫しながら睡眠時間はしっかり確保。最長の人は10時間30分、最短の人は2時間でした。

●実習期間中の睡眠時間
- ～3時間 2%
- ～4時間 4%
- ～5時間 7%
- ～6時間 19%
- ～7時間 27%
- ～8時間 28%
- ～9時間 11%
- 9時間～ 3%

6～8時間で約6割を占める結果に。初めての実習から日誌の作成に慣れるまでは、寝不足になってしまった人もわずかにいたようです。

夜はゆったり、日誌を早朝に頑張る！タイプ

アリスさん

4:30	起床・入浴
5:00	日誌・指導案の作成
6:45	支度
7:00	朝食
7:30	出発
8:20	園に到着
18:30	帰宅
19:00	夕食
19:30	自由時間
21:00	就寝

早寝早起きをして朝に書く

夜は自分の時間を大事にしてリフレッシュ

その日の準備を朝にしっかり再確認タイプ

あなたのアイドル♡さん

6:00	起床・支度
6:30	朝食
6:50	持ち物チェック・紙芝居や絵本に目を通す
7:30	出発
7:50	園に到着
18:00	帰宅
18:30	日誌の作成
19:30	夕食
20:10	日誌の作成
22:00	入浴
22:40	翌日の持ち物の準備
24:00	就寝

朝に再確認！読み物のまとめの話なども考えておく

Let's プラン

実習期間中の過ごし方をシミュレーションしてみよう！

:	起床
:	
:	
:	
:	園に到着
:	帰宅
:	
:	
:	
:	就寝

これはマスト！ 先輩のリアルな実習持ち物

実習には何を持っていけばいいのかと、悩む人も多いはず。だから、先輩が実習期間中に使っていたバッグと持ち物を見せてもらいました！
どんなときに何を使ったのかなどなど、リアルな持ち物事情を紹介します。

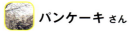
パンケーキ さん

いろいろなことに備えて持ち物を準備

● 着替え
子どもと過ごす最中に汚れることもある。園を汚さないためにも必要。急な水あそびの後など、下着があって助かったことも。

▶ 400人アンケート共感コメント
● 「おもらししちゃった」「吐いてしまった」など、子どもたちの対応をしているとき、自分も汚れてしまうこともあるので、靴下やズボンは園に行くときの物とは別に用意しました。（しまじろう）
● 園で言われてなくても、子どもたちとあそんでいたら汚れる。おもいっきりあそびたいから着替えを持っていった。（はとぽっと）

● 自己紹介グッズ
初めてのクラスの子どもたちの前で自己紹介するときに、あると安心できた。

▶ 400人アンケート共感コメント
● 自己紹介用スケッチブック／クラスに入った初日に自己紹介をするときに、言葉だけより子どもたちが集中して聞けるのでよい。（MI）
● 自己紹介用の小道具／自己紹介で上手くいくと、その後の活動にもスムーズに入っていけるようになりました。（やま）

● 文房具
降園後の製作作業でなにかと使うハサミなどもマスト。「持ってきた？」と聞かれたことも。

● エプロン
サブバッグにはエプロン3枚。

● 指針・要領

● 手あそび集
学校で作った手あそび集は休憩中にチェックして、次にやるものを考える。

▶ 400人アンケート共感コメント
● 急に「読んでみよう」となることが多く、園のを借りるのではなく、練習した自分の本を読むことができる。年齢ごとに選び、数冊持っていくとよいと思います。（赤毛のアヤ）
● 子どもたちがどんな絵本が好きなのか知れるアイテムにもなるし、自分の実力が試される。（ショーン）

● 絵本
先生に突然「読んで」とふられることがあるので、毎日持参。

● 日誌資料
日誌の書き方に困ったときに参考にした資料は学校で配布されたもの。

● 文房具
日誌用に長めの定規を準備。

● 電子辞書
電子辞書は自分が書けない言葉をすぐに調べられるから役立った。

APPさん

日誌を書くことを考えたものをセレクト

Part 1 不安

先輩400人のリアルデータ
持っていてよかったもの

●コレがあってよかったBEST5

- 1位 絵本 110人
- 2位 はさみ、のり、カッターなどの文房具 67人
- 3位 ティッシュ 56人
- 4位 着替え 33人
- 5位 メモ帳 24人

●まだある！少数派だけど私はコレに救われました！

- **キャラメル**／出勤前に1粒だけかばんの中に入れておき、実習中につらくなったらキャラメルのことを思い出して乗り切れたから。ただ、実習をしているときや出勤・退勤中は実習生としての態度で臨むため、絶対に口にせず、帰宅をしてから食べる。（はこな）
- **お守り**／それがあるだけで落ち着く。精神安定剤です。（じじ）
- **のどあめ**／ふだん出さない声を出すので、終わった後毎回なめていた。のどが回復します……。（ドラ）
- **保育の引き出し**／自分の心の中に♡。（★）
- **お菓子**／ストレスで帰り道に食べたくなるから。（ローカル）
- **ハンガー**／スーツで行っていたので、ロッカー内でハンガーに掛けておくことができた。（にゃーご）
- **リップ**／外に出る時間が多いので、唇が日焼けしてしまって痛かった。トイレに行く際などに素早く塗り直すようにしていた。（匿名）
- **レインコート**／雨や小雨の降っているときでも外での仕事はあるので、レインコートを着て作業しました。急に天気が変わることがあったので助かりました。（3509）
- **水筒**／夏だったため、園の活動の中でお茶を飲む活動はあったが足りない。園庭で走ったりすることが多くあるため。（すみれ）
- **手提げ袋**／保育室に入る際に、一日に必要なもの（箸、コップ、絵本、日誌、筆箱など）を袋に入れて持っていくことができ、わざわざ取りにいかなくてすむ。（ユリアン）
- **帽子**／日差しが強くて持ってきてと言われた。熱中症防止になる。（セバスチャーン）

●手作りパネル
「何が隠れているかな？」とクイズを出すと子どもが喜んでくれた。

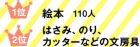

ハッピーワンピさん

何かと使える手作りのグッズがたくさん

●手袋人形

400人アンケート共感コメント
- 子どもたちの前で道具を使って表現すると、すぐに子どもたちの中に手あそびが入り、楽しそうに一緒にしてくれた。（ともちいん）
- 空いた時間のつなぎとして、突然ふられたときに対応できたり、子どもの注目を集めることに役立ったりした。手作りということで、子どもたちも喜び、楽しんでくれた。（めろんぱん）

●ティッシュ

400人アンケート共感コメント
- 話しかけても笑顔を見せてくれない子どもに動物の絵や模様があるティッシュを見せて、会話を弾ませるきっかけができた。（りんりん）
- 子どもの鼻水を拭いたり、床に何か落ちてたりこぼれてたりしたとき、エプロンのポッケに入っているとよい。（匿名）

●名札
名札は手作りのもの。

400人アンケート共感コメント
- 子どもだけでなく、保護者にも人気だったため。（タマ）
- 手作りのフェルトでパンダの名札を作り、保育実習中に着用。子どもたちから「これパンダ？」と聞かれ、かかわるキッカケになったり、また保育者からも「自分で作ったの？」とコミュニケーションを取るキッカケになった。5歳児は名前を呼んでくれた。（koshino）

●スカーフ
ネットで購入したスカーフ。乳児クラスで「何かお願い」と言われたときに、くしゅくしゅ丸めたりひらいたりしてあそべる。子どもが好きな色を選べるのもポイント。

●ぞうきん
手持ちぶさたのときに、ぞうきんを使って自主的に園内を掃除。

●**文房具**
ハサミやのり、テープなどの文房具はポーチに入れて一式持っていく。

400人アンケート共感コメント

● 作業を手伝ってほしいと言われたとき、持っていたので色々やらせていただいた。ホッチキスは画用紙を丸く切る際に手助けとなりました。（sara）
● 左利きということもあり、作業効率が悪くならずに済んだ。（タナカナタ）
● 先生方のお手伝いのときに作業をする際に使うことが多く、貸していただけるところもあるが、自分で持っていた方が印象もよい。（みかんぼうや）

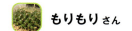
もりもりさん

空いた時間に子どもとあそべるアイテムを充実

●**エプロンシアター**
すき間時間に役立った。

●**スニーカー**
サブバッグにはスニーカー2足。

●**バンダナや三角巾**
バンダナや三角巾を1枚余分に持っていると、空いた時間に「おばけ〜」などアレンジしてあそべる。

●**国語辞典**
日誌を書くときに使うミニサイズの国語辞典。

●**自己紹介カード**
スケッチブックを使って作った自己紹介カード。

●**くまのパペット**
くまのパペットで子どもをこちらに集中させることができた。

●**手作り下敷き**
日誌を書くときは、大学で配られた日誌例を友達がラミネートしてくれた下敷きを使う。

●**パンチ穴用シール**
日誌は何度もめくるなどするので、パンチ穴の部分は穴補強シールを活用。

400人アンケート共感コメント

● 先生にご指導いただいたことや、その場で学んだこと、子どもたちのエピソードを書くことで、日誌が書きやすくなった。（キリン!!）
● 園にもよると思いますが、実習中に必要なメモを取るときはもちろん、子どもたちとちょっとした落書きをするのにも使い、思い出になっています。（ペン太郎）

ナッツミルクさん

工夫して日誌をきれいに保管

●**メモ帳**

●**ファイル**
提出物はファイルに入れて出す。すぐに戻らないこともあるのでファイルは10枚入りを用意。

400人アンケート共感コメント

● 突然配布される書類もキレイに保管することができる。（QQ）
● 子どもから折り紙や手紙をもらったときに入れておける。（とっぴー）
● 急に提出する際に必要だと感じた。（シーナ）

●**文房具**

先輩の声を聞け!! 実習リアル座談会

Part 1 不安

一足先に実習を終えた先輩たちが、初実習でのエピソードや、つらかったこと、日誌と指導案に毎日向き合う苦労などなど、実習をふりかえってのリアルトークをしてくれました。あなたの「不安」に響くヒントがきっとここにある！

細川 春奈さん（和洋女子大学）　佐々木 舞さん（和泉短期大学）　五十嵐 萌さん（和洋女子大学）　熊谷 美咲さん（武蔵野短期大学）　宮本 彩音さん（和泉短期大学）　田所 玲花さん（和泉短期大学）　林 由依子さん（武蔵野短期大学）

※名前は仮名です。

みんな必死だった……!! 初めての実習で得たもの

——1回目の実習はどんな印象でしたか。

細川 初めての実習は幼稚園でした。私の中で実習はすごく大変で、夜も寝られないんだよっていう話とかを聞いて、イメージを膨らませすぎちゃってたところがあって。そうしたら意外と子どもが来てくれたりして、子どもたちと過ごすのってすごく楽しいなというのが、最初に感じた気持ちです。でも、そのときの私は子ども目線で考えてはなくて、自分のことで精いっぱいだったのかなと。絵本も読むだけで、子どもの反応は見てないみたいな。

熊谷 私も幼稚園です。私は人前に出るのが苦手で。電話も苦手なので、園にかけるときも間違えないようにいっぱいメモしてから電話していました。そのときに感じたのが、こういうこともできるようにならなきゃいけないなということです。

——社会人のマナーみたいなことですね。

熊谷 不安でした。大人たちもたくさんいて……。いちばんつらいと思ったのは、子どもたちの前で絵本を読むことで。子どもたちよりも先生に見られていることが気になってしまって。そのときは、こういうところを感じてほしいとか考えてやっていたわけではなく、とりあえず読もう！ 時間つなごう！ って感覚でしていたのがすごく印象に残ってます。実習が全部終わってからこれはダメだなと思って、次の実習から改善しようという課題ができて……という感じでした。

佐々木 1回目の実習は施設実習でした。実習初日にその年いちばんの大雪が降って、始発の電車も動いてなくて、スーツにパンプス、キャリーケースで雪道を歩くというまさかの状況に。間に合わないのであちこちに電話したのがすごく印象的で、学校からは「行けるなら気をつけて行け」、施設の人は「はい了解です」みたいな……。そんな始まりですごく不安だったんですけど、行ってみたら自分の保育観と障がいのある方への考え方がすごく変わって、やりたいことが見つかった実習でした。

宮本 最初は保育園の実習でした。私も初日大雪で、1時間かけて保育園に歩いていって。お母さんたちが「雪だけど仕事があるから！」って預けに来ていたのがすごい印象が強くて。あとは、先輩たちから「人によっては日誌6時間かかってたよ」と言われて、マジか?! と思ってたら、初日は本当に5時間ぐらいかかって!! こんなに書き物あるのつらいなって思ったけど、子どもの笑顔を見たらその大変さを不思議と忘れちゃう。終わればまた日誌が出てくるけど、次の日また子どもと会えたら頑張れるって、初実習で思いました。

林 自由保育の幼稚園だったので、自分からかかわらないと何もエピソードを学べないと思って。色んなことに気づこうと必死で。そうしたら日誌も書くことが多くて、何を選んで書いたらいいかわからな

それぞれ違う学校に通う3人。
初対面でも実習のあるある話にカベはありません！

くて寝られなかったです。あとは……絵本を初めて読んだときに、導入も何も考えずに読んじゃって、子どもたちが誰もついてこなくて。ここは笑うところなのに笑ってくれない（笑）。

一同 それ、ツライ（笑）!!

林 もうダメだ……と思って。それからは季節に合った本にしたり、何を伝えたいか考えたりして、導入も終わりも考えないとダメだなといろいろ気づいた実習でした。

五十嵐 最初の実習は幼稚園でした。私はちょっとピアノが苦手なんですけど、オリエンテーションで長いやつ2曲とちょっとした曲を渡されて。正直に担任の先生に「ちょっと得意じゃないので、簡単な譜面にして弾いてもいいですか」と聞いたら、大丈夫だよって言ってくれて。頑張って練習したのもあって、実習中は弾けてよかったです。

──苦手なピアノを、うまくのりこえられたのですね！

五十嵐 はい、でも……日誌は家で書くものと思ってたら、保育が終わった後から帰るまでに園で書き終えるっていうやり方で、みんなと違うから戸惑いました。でも実習10日間やっていたら、先生に書き方を聞いたりして、時間内に終えることができるようになりました。

田所 初めて行ったのは保育所です。私の学校は実習に行くのが1年生の1月で。それまでの間に学校で心理とか原理とか、いろんな角度から保育を学ぶので、難しすぎて自分にできるか不安がとにかく大きくて。今思うと1回目はそこまでわかるわけがないのに、できるかなっていう不安ばかりがあったんです。けど、現場の保育に入って、この道で間違ってなかったという

熊谷 美咲さん
実習でよくやった手あそび：
「はじまるよ」

確認ができたというか。こんなに素晴らしい職はない！って本当に実感できたのが、最初の実習でした。

"つらかった"の後に来る"よかった"は大きい！

──全実習を通して、どんなときがいちばん大変でしたか。

熊谷 私はやっぱり、初めての実習で絵本を読んだときがいちばんつらくて。子どもは聞いてくれてるんですけど、できてない自分が嫌で。伝えてあげられないのが悔しくて。もっと意図をもってやりなさいと学校で学んでいるはずなのにって、一人で悩んでました。でも、そこでいっぱい課題が見えたので、次に生かそうという気持ちにもなれました。次の実習では楽しくできたので、やっぱり、苦しいことの後には楽しいことがあるなって思いました。

林 最初、日誌の反省考察をどう書くのかわからなかったので、授業で学んだことと実習で

林 由依子さん
実習でよくやった手あそび：
「りんごのほっぺ」

あったことをリンクさせて書いたら、「教科書写したみたいだから、もうちょっと頑張って書いた方がいいよ」と言われて。

佐々木 それを言われちゃうと……!!

林 その日は泣きました（笑）。それから書き方を考えたりして……。あとは、朝の会やピアノを弾くのに、「緊張してるのが子どもに伝わってるから無理やりでも楽しんで」と先生に言われて、緊張はどう抑えたらいいんだろうって悩んで。でも毎回そうやってクリアしてったら、最後のときの責任実習で、「もうちょっとあそびたかった」と子どもたちが泣いてくれて！苦しんでよかったと思いました。

五十嵐 私は、絵本は苦手じゃなかったんですけど、5歳児担当になったときに、絵がない本を先生が朗読したのを子どもが聞くから、それをやってくださいと言われたんです。

田所 それ、けっこう難しそう……。

五十嵐 私もおっ!!と焦って。1回やってみたら、話が長くて絵もなくて、飽きちゃう子が多いし、集中が切れちゃったときに歩いちゃう子もいて、もう「あぁーっ」ていう気分に。けど、先生にこういうときにどうしたらいいですかねって聞いて、話し合って。お話の前後の工夫とかやってみたら、けっこう聞いてくれたりしましたね。

──実習を重ねていくと、つらさが楽しさに変わっていく？

一同 いや〜（笑）。

五十嵐 終わりに近づくにつれ責任実習とかあると、緊張してきたり

もする。ああ、やらなきゃいけないっていう。

細川 求められるものがだんだん高くなる感じがして。もう何回目でしょって見られてるのかと思うと、それもプレッシャーになるよね。

——その段階ごとのプレッシャーがあるのですね。

細川 いちばん大変だったのは、初めての責任実習があったとき。クラスもわかってるから活動を2～3個考えていったんですけど、担任の先生に「私のクラスにはそれは難しい」と言われて全部ダメになっちゃって……。1回くじけそうになりました。結局、先生の助言もあって、クリスマスの飾り作りを考えたんですけど、実際にやると何を準備したらいいかわからなくて。作れる段階にはしていったんですけど、実際にやってみたら、のりを使った後の片付けをどの段階にするかとか、配るタイミングとか、何も考えてなくて。頭が真っ白になって、泣きたくなりました。みんなで同じものを作っていたはずなのに、できた飾りみんな違う……みたいな状況に陥ったのが、つらかったです。でも、そのときに見てくれていた先生がアドバイスをくれて、それを次の責任実習で生かすことができたし、実習生のうちに失敗ができたのはよかったと思うけど……でも、つらかったな（笑）。

佐々木 私は施設実習でやった部分実習、ひなまつり製作の最中に、ねらいを理解してもらえず注意され、思わず「だって」と反論してしまい……。すごく怒られました。

——反論したことで余計に……という感じでしょうか。

佐々木 私も、瞬間やっちゃったと思いました。でも、一人一人が製作を楽しめるように、状況に合わせたかかわり方を考えてやったつもりだったから、すごく悲しくて、そのときは言わずにはいられなかったというか……。その後すぐ休憩だったので急いで部屋に帰って号泣して、持ってきたおやつを全部食べてしまいました。

田所 私、わりと全部楽しかったんですけど、いちばん困ったのが、保育園で乳児の着脱の援助。首までかけたら袖は自分でできる、みたいなことを言われていて。でも、手伝ってあげるときとあげないときがあって。でもその差って実習のときだけじゃわからなくて……私もそのクラスに1日しか入らなかったので。わからないまま援助するのって大変だなって思いました。乳児クラスは先生もたくさんいるので、「ここまでやってあげて」とか、「手伝わないで」と言われたり、子どもは実習生だから甘えてきて「やって〜」と言ってくる。ジャッジがしにくいって思いました。

佐々木 舞さん
実習でよくやった手あそび：
『3匹のこぶた』の絵本の手あそび

——指導の目的がわかりにくかった？

田所 確かにそんな感じあるかも。でも、あの先生はこう言ってたとかでそこでトラブルになってもと思いますし。

——実習生の立場としては悩ましいですね。

林 やっぱり、一人一人保育が違うというか……。

熊谷 この目標に向かってやりましょうと言ってみんなでそれを共有してるけど、いざ保育をやると細かい所は全然違う。だからそれを実習生がやってみると、このクラスではこうしてたのに、こっちでは違うみたいなことが出てきちゃう。

佐々木 非常勤の先生の援助になるほど！ と思って日誌に書いたら、実習担当の先生に「これは誰がやってたの？」と聞かれたり……。いや、先生たちの名前まだ覚えてなくて……みたいな（笑）。

田所 そういう小さいことは本当にいっぱいあるから、なんかもう、悟りの状態っていうか。いちいち止まってたら、壊れちゃいませんか。

一同 わかるわかる。

宮本 彩音さん
実習でよくやった手あそび：
「パン屋さん」

漢字が書けるようになる?!
日誌と指導案

——日誌と指導案はどちらがつらかったでしょうか。まずは日誌派の話を聞かせてください。

田所 特につらくなかった。5時間かかる人もいるよと聞いたけど、そんなにかかったことはなくて。でも、文法？ 書き方？ の指導が難しいときがあって。「歌を歌う」が「歌をうたう」とか。内容よりも、そういうのが大変だったな。

五十嵐 漢字は書けるようになるよね。椅子、畳みたいな書けるようで書けないやつ。いい勉強になったかも。でも、毎日家帰って書くっていうのがけっこう大変だったかな。焦ってくる。もうこんな時間かって！

細川 しかも、回数を重ねていくことでだんだん見通せるようになって、ここまできたらあと2時間で書けるだろうとか思うと、眠くなってくる。ちょっと10分だけ寝ようと思ったら2、3時間になってしまい、よからぬ時間になってしまったときの焦りを、いまだに夢に見ます（笑）。

宮本 いまだに!! 夢にまで見るって相当じゃない？

佐々木 私の場合、毎日一日の流れをどれも欠かしちゃいけないときがあって。毎日2枚も3枚も書いてた。でもだいたい毎日同じようなことをしてるから、気づきとかは変わるけど、毎日同じことを書き続

細川 春奈さん
実習でよくやった手あそび：
「ずっとあいこ」

けるのが負担で。やりたくないと思ったらどんどんできなくて、日を追うごとに日誌に取り組めなくなって。ご飯を食べて休憩1時間したら書こうと思ってても、1時間休んでも、あと10分、あと10分ってしてたら24時になって。結局朝の4時ぐらいまでかかっちゃうのが続いて……。

熊谷 私は、実習始まったら寝ない気でいたんで、寝られても2時間あればいいかなぐらいに思ってました。

林 その覚悟、すごい!!

熊谷 いや、私、日誌が本当に苦手なんですよ。返ってきたときに直しがいっぱいあるのがつらいから、直されないようにって文を考えながら書いてたら、その文を考えるだけで時間がかかっちゃって。それをいつも3枚とか書くので全然書き終わらない。書き終えてやっと寝て、まあ2時間寝て……というのを2週間とか3週間して。

田所 うわぁ……。大変すぎる。

熊谷 そうなんです、友達にもなんでそんなに書いてるのと言われるんですけど、逆にどうやったら早く書けるんだろうって。

細川 わかる。5、6時間かかるよね。

田所 私はそんなに時間かけられない。メモが取れる園だったから、休憩中にメモ見ながら、午前の日誌が出来上がるようにしてた。そこで、午後の活動で何を見ていこうかなと。気になることや先生のかかわりがあったらそれを考察に書けるし、次の日の目標も立つ。休憩時間を使ってたかな。

細川 それできるのうらやましい。取捨選択ができない。

五十嵐 メモったのを全部書いちゃうよね。

熊谷 日誌がなければ楽しいのになって思ったりも。大切なんですけど重荷でした。

五十嵐 萌さん
実習でよくやった手あそび：
「ガリガリかき氷」

——指導案派はいかがですか？

林 日誌の後に指導案を書いたんですけど。よし、日誌が24時前に終わった！　と思っても、指導案がある……って。指導案のために保育者の言葉かけとかも全部メモしないと！　という感じで。指導案がないと責任実習ができないし、困っちゃうのはわかってるんですけど、その存在が重荷でした。

宮本 私がつらかったのは、オリエンテーションのときに、責任実習でやりたいことを指導案に起こして提出するように言われていて。その園に行くのは2回目で、1回目に子どもたちとふれあってるからなんとなく想像はつくけど、いざ製作あそびやろう、のりとハサミを使おうと思ったときに、今の子どもたちと実際会ってないから、指導案にどう書けばいいのかわからない。でも書いて提出したら、うちのクラス

田所 玲花さん
実習でよくやった手あそび：
「ひげじいさん」

はもっとハサミ使えるよ、となって。指導案って、責任実習で自分が子どもたちにこうしたいって書くのはわかるけど、子どもを見てなくて予想で書いても直すことになるなら、日誌の後に頑張って書くからって思いました。

なんだかんだ
のりこえていける！

宮本 心が折れそうだったこともあったけど、必ず休みの土日のどっちかは大学の友達と会う約束をして。指導案を書かないといけないけど、土曜って決めたら土曜は友達とあそぶから何も考えないようにしようってリフレッシュの時間を作って、また頑張ろうっていう感じでのりきってました。

佐々木 私はうちの大学から初めて学生が行くという実習先で、勝手にプレッシャーをすごく感じてた実習のときに、本当につらすぎて、毎日電車に乗ったときに、目の前の人を見て、その人の最悪な朝とか想像してました（笑）。私よりつらい人がいるって思って。これ、けっこう元気でるよ。

林 私も似たような感じで……もっとつらい状況になっている実習生を妄想して、私の方がマシって（笑）。

一同 下を見る（爆笑）。

「大丈夫だよ」「先生といると楽しい」
救われる言葉・人との出会い

宮本 でも、天使みたいな先生もいるよね。私は本当に無理、つぶれそうと思った日の朝、ある先生が「大丈夫だよ。そんなに頑張りすぎないでね」と声をかけてくれて、涙が止まらなくて……。あと10分で

Part 1 不安

子どもが来るのにどうしようみたいな。そっと言ってくれた何げない一言に本当に救われて。本当に天使でした‼

佐々木 私は何も仕事を頼まれていない状況が不安すぎて、その不安を1枚の紙に書いて実習担当の先生に提出したんですよ。そしたら「とにかく子どもとあそんで、あそびから学んでほしい」と。「あそびから学ぶのは今しかできないから。さっさとあそんできて！」と言われたのが、4回の実習の中でいちばん心にきて。その後は、大学の先生に「学校にいるときよりイキイキしてるよ」と言われるくらいに、その先生のおかげで楽しい実習になりました。

五十嵐 けっこういろんな言葉、いい言葉かけてもらってましたね。子どもにもけっこう救われました、言葉で。「先生といて楽しい」と言われたらすごくうれしくなったりしたかな。毎回よかった部分が多い実習だった気がします。

林 私の場合……すごく向き合ってくれる先生。ただ指導してくれるだけじゃなくて、あなたならもっとこうできるとか、細かくいろいろ応援してくれて。責任実習も、あなたの好きなことなんでもしていいよ、全力でフォローするからって言ってくれて、すごく心強くて！ 頑張ろうって思えたし、こんな先生になりたいなって。

── 「こんな先生になりたい」、いいですね。将来的にみなさんも実習担当の立場になりますね。

細川 もし私が先生だったら、やってほしいことをもっと具体的に言ってあげたいな。例えば「部屋を掃除してね」ではなくて、「そこにあるほうきを使って、取ったごみはどこどこに捨ててね」って。

田所 たしかにそれ、助かる。

細川 そのつど聞くのは聞きづらいし、園のルールが自分と違うこともあるので……。

宮本 私は、ちょっとした隙間で実習生が質問しやすいような先生になっていたい。元保育者の大学の先生が「保護者が子どもを迎えにきたときに保育者がせかせかしてると聞きたいことも聞けないから、あえて窓拭いたり暇なふりして、軽く言える雰囲気を作ってた」と言っていて。確かにその気遣い1つあるだけで実習生は救われるし、実習生が聞きたいことは言えるんじゃないかと思います。

──みなさんのお話を聞いていると、「つらい」「大変」もいっぱいあって、「不安」もあったのに、それを打ち消すほどの何かをつかんでこられた感じがします。

熊谷 不安にならないわけないです。実際、日誌とか大変だし。つらいことも必ずあるし。

五十嵐 行くの嫌になる日も絶対ある。

林 でも、終わると、行ってよかったってみんななるよね。なんでだろうね？ 私も、自分が実習してる最中の写真をまとめてくれたものを最後の実習でもらって。子どもたちの写真もあって。保育

自己紹介の際に手あそびを無茶ぶりしても、「恥ずかしい～」と言いつつ笑顔でこたえてくれた、すてきなみなさんでした！

の道を選んでよかったって思いました。

細川 1回の実習じゃだめなんだけど、全部終わると、よし、保育者頑張ろう！ ってなってる自分がいる。

宮本 ベタに、子どもの笑顔とか？ 思い出すと……ね？

佐々木 たしかに！ 忘れられない子どもとかいるな、私も。

一同 いるいる！

エピソードを語るみなさんの表情はとても明るく、全力でぶつかってきたという充実感にあふれていました。それを裏付ける先輩からの応援メッセージも続々！ 実習って、すごいです！

先輩からの応援メッセージ

●実習はとても大変だけど、保育ってすてきな仕事だなと実習を通じてあらためて強く思えると思います！ やり終えたら充実してたなと感じるので、頑張ってのりこえてください‼（KoN）

●始まるまでは不安しかないけど、始まったらあっという間。子どもたちの笑顔に癒される毎日が待っています！（みこ。）

●実習中にたくさんのハプニングに巻き込まれて「もうだめだ」って思うこともたくさんあると思います。けれど終わってみると「あれ？ もう終わってる？」って思うハズ。少しだけ見方を変えてみて。そしたらあなたの味方はたくさんいるよ。たくさんでなくてもいい、子どもたちの笑顔があれば頑張れるよ。（レン♪）

●つらいのもう嫌！ と逃げ出したくなる日もあると思いますが、絶対に自分のためになります。中途半端にせず全力で頑張ってみてください。終わると、達成感と何かが得られると思います‼（たみん）

不安が吹き飛ぶ！ 先輩の実習リアルアドバイス

実習を経験した今だから伝えたい、先輩から現役実習生へのアドバイス。先輩400人アンケートから、よりよい実習にするために心がけたいポイントが見えてきました！

1 体が資本
元気があれば何でもできる！

- 体調第一です。いつもの生活ではダメなときもあるので、振り返る機会としてみてください。（あめ）
- 体調管理大事です。日誌・指導案は早めに始めておき、早く寝られるようにしておく。（じじ）
- 実習は子どもたちと楽しくかかわることができますが、休んで日にちが延びないように体調管理を気をつけながら頑張ってください。（マーカス）
- 体調管理が大切。100％の力が出せるように。（プリン大好き）
- とにかく健康第一です。実習中は手洗い、うがいはしっかりすることが大切！ 記録簿も夕食前に書き終えるよう心かけた方がいいと思います。（ジョン子）
- 健康第一です。1分でも多く睡眠を取って、しっかりご飯を食べて欠勤せず頑張ってください。（akkarii）

2 しっかりと準備する
事前の用意が成功にも！

- 実習に向けて準備するものとして、絵本は慎重に選んだ方がいいと思います。季節、年齢に合っているか、その月の行事に関することかなどを考えて選んだ方がいいと思います。また、どんな絵本を選んだらいいか悩んだときは司書の方に質問してみるのもいいと思います。（つるつる）
- 責任実習の際、担当の先生とよく相談をし、製作するときはしっかりと事前準備することが大事なので頑張ってください。（マイメロ）
- 実習中にいきなり「先生なんかやって」と言われることがあります。そのときにすぐ対応できるよう、手あそびや絵本などのレパートリーを増やしておくといいと思います。（ミント）
- 事前準備はとにかく大切！ ピアノも手あそびも完璧にして、実習当日は子どもの援助や日誌にかかりきりなれるようにするといいよ！ 私ができなくてつらかったこと！（りっちゃん）
- 実習で使えるよう、エプロンシアターや手袋など何種類も作っておくと毎日やることに困らず、子どもたちを楽しませることができるため、保育教材を作っておくこと。（M）

3 積極的な姿勢で臨む
主体性が成長にもつながる！

- 毎日絵本、紙芝居を持っていって先生に「読みたいです」と言った方が印象がよい。（なほ★）
- わからないことは何でも質問！ 積極的に元気でハキハキと行動する。（尾っぽ）
- 積極的に子どもとかかわり、わからないことはすぐ保育者に聞くようにする。（こまめ）
- 実習は部活と一緒!! 何でも進んで行い、何でもチャレンジ!!（きなこ）
- 空いた時間、何をするべきかわからなくなったらすぐに「何かお手伝いできることありますか?!」と何度も聞くこと!! 笑顔！（ちゃーん）
- オリエンテーションでわからないことがあれば質問し、実習前日などにこれどうするんだろうと思わなくていいようにする。実習初日にはきちんと挨拶して保育者の顔や名前を覚える。（minami）

Part 1 不安

4 失敗を恐れない
実務を学ぶ今だからできることに挑戦！

- 失敗は今だからできる学びだと思います。たくさん失敗してたくさん学んでください。私たちが気にするべきは先生の目ではなく、目の前にいる子どもの気持ちだと思います。（苺畑）
- 失敗を恐れずに、何にでも挑戦してみることが大切だなと実際に行ってみて思いました。（キャサリン）
- 何事も実践あるのみ。失敗を怖がらないで自分らしく実習を行っていけたらきっと大丈夫です。（るるる）
- 不安が多いですが思い切り!! 失敗が次へとつながるのでむしろ失敗した方がラッキーと思いましょう！（ビッキー）
- 実習生だから失敗できるので子どもたちとたくさんかかわり、実際の姿を楽しみながら学ぶといいと思います。（しまじろう）

5 まずは自分が楽しむ
子どものためにもエンジョイ！

- 楽しむことが一番!!!（しもしも）
- 活動やピアノなど、子どもたちとかかわるときにはまずは自分自身が楽しむことが大切です！子どもたちと一緒に楽しめる素敵な保育者になってください。（スガオ）
- 実習前は不安に感じることも多いかもしれませんが、将来の夢のために楽しんで取り組んでください。（れに）
- 私たちが「楽しい、嬉しい」と思えば、その気持ちは子どもたちに伝わると思います。（あいちゃん）
- 自分も楽しむと子どもたちも自然とついてきてくれるのではないかと思います。（ゆきりん）

6 笑顔を大切に
明るい表情で気持ちも明るく！

- 笑顔、挨拶できればいい実習になる!!! どんなときも笑顔忘れずに!! 作り笑顔じゃなくて、心の底から!!!（aiui）
- 常に笑顔でいれば自然と子どもたちが集まってきてくれてとても楽しい気分になります。（K子）
- 実習に向けて期待と不安があると思いますが、自分らしく笑顔で頑張れば大丈夫!!（うさまる）
- 緊張してしまうと思うけれど、笑顔を忘れずに一生懸命取り組めば大丈夫です!!（りお）
- 技術はなくても笑顔で元気にハキハキと行動することが大切だと思います。（りんりん）

7 不安になっても大丈夫
ドキドキするのはみんな同じ！

- 不安もあるけど一度行けば全部が大切で貴重な経験や力になるから、最後まであきらめず頑張って!! 不安だったら誰かに吐き出しても平気だよ。（たろぽん）
- 園選びはしっかりやった方がいいのと、先輩にいろいろ不安は聞いておくべき。（光）
- 素直に前向きに、感謝の気持ちをもって取り組むとよいと思います。つらいときは友達と話したりすると、同じ状況で頑張っている人がいると思えて、のりこえることができると思います。（ゆうか）
- 最初、行きたくないくらい不安でしたが、不安をすべて消してくれる子どもたちが待っているので、実習中、楽しく、笑顔を忘れずに!!（LUCY）
- 武器はたくさん持っていくと、不安はなくなるのかなと思います（手あそびや絵本など）。（みや）

column

実習で何をがんばるの？

「不安」は「頑張りたい！」という健全な気持ちの表れです。
そこで気になるのは「実習で何を頑張りたいのか」ということ。
気遣いができ、空気の読める学生が陥りがちな「頑張り」があるようです。

●「浮かないように」「足を引っ張らないように」

実習前に学生に何を頑張るのかを尋ねると、こう答える人がいます。子どもたちの生活している場所に入って邪魔になりたくない、役に立ちたいという気持ちの表れで、保育者を目指す人はそのような気遣いができる人が多いように思います。しかし実際、保育者は実習生に対して「邪魔にならない」ことや「役立つ」ことを期待していません。そうではなく、自分たちが感じている保育という仕事の魅力や、現場でしか経験できない発見や学びを実習生に見つけてほしいと思っています。そのために助言をしてくれるのです。

●「怒られないように」「いろいろ言われないように」

実習前に学生に何を頑張るのかを尋ねると、こう答える人もいます。保育者からの視線や指導を意識した答えです。実習生は、今までの学校生活などの経験から、知らないうちに教師や指導者といわれる人からの評価を気にする傾向があります。そうすると、指導者の求める答えをわかろうと保育者の顔色ばかりをうかがい、本来実習で自分がわかりたい・学びたいと思っていた内容が見えなくなってしまうことがあります。

●自己評価は「できた」「できなかった」ではない

実習後に、実習生に感想を聞くと、「先生みたいに上手くできなかった」と大きな挫折感をもつ学生がいます。しかし実習での評価は、「（保育者のように）できた」「できない」をはかるものではなく、自身の実習の目標に対しての取り組みはどうであったかや、実践を通して学んだことが何であったかを振り返ることです。実践の場だからこそ感じた思いや気づきを、もっとよくわかろうと次の目標を定めて、その先の実習や学びへと繋げていくのが評価の目的です。実習では、子どもの予想外の言葉や行動に驚かされたり感心させられたりする場面が多くあります。その驚きが学びなのです。学びは感情を伴います。「できない、うまくいかない」という負の感情を伴う学びだけにならないように心がけるとよいでしょう。

PART 2

日誌の カベを のりこえる！

実習初日から立ちふさがるカベ、「実習日誌」。
やたらと時間を奪うそのカベをのりこえるために、
保育を見る着眼点、「目の付けどころ」を知りましょう。
見るべきポイントがわかれば、もう書くことに迷いません！
きっと、保育の面白さが見つかります。

日誌に必要なのは保育を見る着眼点

実習日誌が書けない！ あるいは実習日誌が書けないのではないか？ と不安なあなた。なんとか記入欄を埋めなきゃと思っていませんか？ 大切なのは、保育中に「何に注目するのか」という着眼点です。目の付けどころがわかれば保育が見えてきます。実習日誌に書きたくなることが湧き出てきますよ。

子どもの姿にトキメいてみよう！

まず、じっくり子どもを見てみましょう。例えば、ただ園庭で砂いじりをしていると見えていた子どもを、その子の内面に迫るように見てみると、砂の感触を手のひらでなでるように感じていることが見えてきたりします。じっと見ることで、その子の表面的な「砂いじり」が、その子が「砂で感触を楽しんでいる」という気持ちの共感や理解へと変わっていくのです。このように、子どもの姿を見て実習生が「すごいね！ おもしろいね！ そんなことを考えていたのか！ びっくり！」と感じたことが、子どもから学び得たこと、実習日誌に記録する学びです。「ぽーっと立っている子ども」も、その視線の先をよく見てみると、違う理解が見えてくるかも……。

保育者の言葉・動きにトキメいてみよう！

保育者は同時に起こっている様々な事柄に対して、瞬時に判断して発言したり行動したりしています。その全貌を、実習生が保育現場に数日来ただけでつかもうとすると、いろいろ絡み合ってしまい余計にわからなくなることがあります。まず、着眼点を決めましょう。例えば、みんなが集まって話しているときの保育者の発言に焦点を当てて、その発言の意図について考えたり、朝の受け入れ場面での環境構成と登園後の子どもがその環境へどのようにかかわるのかに焦点を当てて見てみたりすると、実習日誌に書きたくなる学びが浮かび上がってくるでしょう。着眼点をもって保育者を見ると、絡み合う糸の束を一本ずつ抜いてほどくように、実習を通して保育者の仕事が見えてきて、その魅力に惹きつけられていくことでしょう。

実習日誌への指導は2種類

実習中の実習日誌への指導は大きく分けると、「書き方」への指導と、「視点や考察の深まり」への指導です。

「書き方」の留意事項は実習中に指摘を受けたらすぐに修正します。例えば、子どもの名前の表記の仕方、園独自の活動名などです。また、ふだんから誤字や脱字に気をつけましょう。実習日誌は相手に見ていただくことが前提ですので、見やすく書くことを心がけましょう。

「視点や考察の深まり」への最初の指導は、「楽しかった、嬉しかった」の感想ではなく、実践から何を「学んだ、わかった、気づいた」と実習日誌に表明することです。そこから次第に、子どもの気持ち（内面の理解）に迫ること、保育者のしていることや言っていること（援助の意図）、実習生が実践したこと（計画と実践）で学んだことを、日々の記録を通して翌日の実習へと繋げていく指導が行われることが多いようです。

● **実習日誌のフォーマットについて**

実習日誌のフォーマット（様式）は各養成校によって違います。その理由は、各養成校によって学び方の順序や実習の時期などに違いがあり、実習の段階によって何に視点をもって実習日誌を書くのかが変わってくるからです。しかし、保育の専門性を学ぶための実習という意味では同じですから、実習日誌のレイアウトは違っていても、項目や記述のポイントはほとんど変わりません。

● **時系列記録とエピソード記録**

毎日の実習の記録を書く実習日誌のフォーマットは、どの養成校もおおよそ時系列記録かエピソード記録です。時系列記録は、一日の流れを時間の経過を縦軸にして、そのときの子どもの姿、保育者の援助、環境構成、実習生の気づき等を、横軸に合わせて記入していくタイプで、指導案の形式に似ています。エピソード記録は、保育場面で実習生が気になったエピソード（事例）とその考察を記入していくタイプで、実際の保育記録に似ています。

どちらの様式でも記録する上で大切なのは着眼点です。

実習中にどのような場面のどのようなことに焦点を当てて保育を見ればよいのか……。さあ、ページをめくって、実習日誌を攻略しましょう！

○ 乳児クラス

日誌＆写真で見る目の付けどころ 👀

10月27日（木）　天候（晴れ）　　　1歳児　もも組　16名（欠席0名）
実習生の目標　子どもと積極的に関わり、一日の流れを知る。

時間	環境の構成	子どもの活動	保育者の援助と留意点	実習生の動きと気づき
8：15		○順次登園する ・保護者と一緒に登園する。	○登園を受け入れる ・子どもと保護者に挨拶をする。 ・保護者に体調や連絡事項がないか確認する。 ・保護者に「お預かりします」と挨拶をして、子どもと一緒に見送る。 ・連絡帳の確認をする。	・登園した子どもと保護者に朝の挨拶をする。 ・子どもに挨拶をするときには、しゃがんで子どもと目が合う姿勢になっていた。 ・保護者に挨拶をして見送る。 ・保護者が保育室を出るときには、先生と一緒に「バイバイ」と手を振ったり、先生の手を引っ張って遊びスペースに行こうとしたり、泣く子どもはいなかった。保育者との信頼関係ができていると感じた。
8：30	・子どもが遊べるようにおもちゃや絵本を置く。	○保育室で好きな遊びをする ・絵本 ・ブロック ・ままごと　など	○子どもが好きな遊びができるようにする ・手をつないで遊びのスペースに行き、何で遊ぶか問いかける。 ・遊びに誘い、一緒に遊ぶ。 ・一人で遊んでいる子どもを見守る。	・子どもがどのような遊びに興味をもっているのか観察しながら、一緒に遊ぶ。 ・何でもすぐにしてあげるのではなく、子どもに声をかけながら遊ぶように指導していただいた。先生たちは、人形とおんぶひもを持って歩く子どもに「おんぶするの？　お手伝いしようか？」と声をかけていた。
	・おむつが入ったカゴを置く。	○おむつを替える ・保育者と一緒に新しいおむつに替える。 ○トイレで排泄をする ・保育者と一緒にトイレに行き、排泄をする。	○排泄の援助をする ・遊んでいる子どもにおむつが濡れていないか声をかけて、おむつ交換に誘う。 ・尿意がないか声をかけて、トイレに誘う。 ・子どもと一緒にトイレに行き、排泄や着替えの手伝いをする。 ・カゴからおむつを取り出す。 ・便のときには、子どものウェットティッシュをロッカーから持ってきて、おむつをはずした後に拭く。 ・新しいおむつをはくのを手伝う。 ・おむつをバケツに入れて、手を洗い、消毒をする。	・子どもと一緒にロッカーに行き、おむつを取り出して、おむつを替える。 ・自分でできる子どもには、排泄後の着替えがしやすいようにズボンを広げて置いたり、保育者につかまってはく子どもには足を入れるところまで手伝ったり、違う援助をしていた。 ・子ども一人のおむつを取り替えるごとに、先生たちは手洗い、消毒をしていた。
9：15	・牛乳をコップに注いで並べる。 ・テーブルを消毒し、朝の牛乳のときに使うおしぼりタオルを準備する。	○牛乳を飲む ・子ども一人一人の好きなタイミングで牛乳を飲みに行く。 ・おしぼりタオルで手を拭く。 ・牛乳（アレルギー児は豆乳）を飲む。	○おやつの準備をする ・牛乳の準備ができたことを伝えて、遊んでいたおもちゃを子どもと一緒に片付ける。 ○おやつの援助をする ・椅子に座るように促して、おしぼりタオルで手を拭くように伝え、保育者も援助する。 ・牛乳アレルギーの子どもの豆乳を他の保育者と確認をして、子どもに手渡す。	・子どもと一緒に片付けをする。 ・子どもが牛乳を飲む様子を見ながら、飲み終えたコップを片付け、テーブルを布巾で拭く。 ・子どものおしぼりタオルは水で濡らしていた。テーブルを拭く布巾は消毒液で濡らしていた。どちらも透明なので、間違わないように消毒薬は色のついた洗面器で作っていた。 ・牛乳が苦手な子どもには減らして渡していた。

先輩VOICE　実習きついけど、その分保育の楽しさややりがいを知ることのできる素晴らしい機会だと思うので、ムダにならないよう自分なりに全力で頑張ってください。（ぶー）

Part 2
日誌

👀 登園時

★登園を受け入れるときの保育者の動きは?

登園時間が決まっている幼稚園に比べると、保育園やこども園は、登園時間が幅広いことが多いです。そのため、ある時間になると「登園の受け入れ」「子どもとあそぶ」「次の活動の準備」など、保育者がそれぞれ別の動きをするようになります。
実習生は子どもとあそびながら、それぞれの動きを観察してみましょう。

登園が続いている一方で、あそびの空間では子どもたちが思い思いにあそんでいる。

● 登園を受け入れる保育者

おはようございます。今日はお変わりありませんか?

子どもが健やかに安心して過ごせるように、保護者から連絡事項があれば聞き取る。

● 連絡帳を確認する保育者

すごく早起きして…

わかりました、様子を見てみますね

● 次の活動の準備をする保育者

登園してくる子、あそんでいる子がいる中、おやつの準備をする保育者がいます。同時にさまざまなことが行われているのが、乳児クラスの特徴です。

連絡帳にはその日に配慮してほしいことなどが記載されていることもあるため、登園したらできるだけ早く確認するように保育者は心がけている。連絡帳は、保護者と園をつなぐ大切なアイテム。

👀 登園後のあそび

★あそびの種類と保育者の援助は?

一人一人が好きなあそびを見つけられるように、保育室にはいろいろなあそびがあります。
保育者は一緒にあそびを探したり、あそんだりすることができるように援助しています。
実習生はあそぶ子どもに背を向けることのない位置に座り、子どもとあそびながら全体を観察してみましょう。

はい、どうぞ

転びそうになった子どもを支えたり、踏んでしまいそうな位置にある玩具を片付けたり、あそび方を提案したり、保育者はいろいろな援助や配慮をしている。

おはよう。今日は何してあそぼうか?

登園した子どもに声をかけて、あそびに誘う保育者。

先輩VOICE➡ 日誌とか、「つらいつらい」じゃなくて「できるし」って思ってやるとわりとできるし、自信につながるから、自分はできるって思うことが大切だと思う。(できる女になりたい)

👀 生活場面 👀

排せつ・おむつ替え・着替え

★排せつ・おむつ替え・着替えの具体的な手順は？
★保育者の声かけや環境の工夫は？

次の活動が気持ちよくできるように、保育者はどのように誘っているでしょうか？
あそびを続けたい子どもへの、無理強いしない誘い方も見て学んでおきましょう。
子どもが無駄に待つことのないよう、スムーズな援助のための環境の工夫も探します。
一日の間に何度も出てくる生活の場面ですから、しっかり観察しておきましょう。
具体的な手順などは最初の場面で記載し、2回目以降は省略してよいでしょう。

「ばぁ〜」 ♪

●着替え
首や腕を通しやすく広げて子どもに見せたり、あそびのように楽しく着替えられるようにしたり。

着替えをロッカーに取りにいかなくてもいいように、かごに入れて、着替える場所に置いてある。

●排せつ・おむつ替え
「自分でやりたい」「先生と一緒に」など、子どもの気持ちに添って援助している。

「すっきりきれいにしようね」

子どもが自分で着脱をしようとしたときに、床よりも段差がある方が足を上げやすいため、ベンチが置いてある。

トイレに座れる子への援助。肌着が汚れないように肩の上で留めて。

おやつ

★おやつの準備をする保育者の動きは？

おやつが、午前と午後の2回あります。準備や片付けの手順・環境構成はほぼ同じです。朝の受け入れ、あそび、主活動、午睡などと同時進行で準備や片付けが進められます。そういった保育者の動きに気づいて書き留めておきます。また、午前と午後で子どもの姿は違うはずですので、午後のおやつのときには、子どもの様子を中心に観察してみましょう。

●食べ物や飲み物の準備
食物アレルギー児がいる場合は、子どもの手が届かない場所に食べ物や飲み物を置いている。

先輩VOICE 手作り教材は、子どもからも大人からも評価が高いです。（あんこ）

● テーブルなどの物品の準備

テーブルを出して並べ、消毒する。
これらの準備も、初回は日誌に記入しておきます。

● おしぼりタオルやエプロンの準備

うさぎの絵が見えるようにたたんで…

保護者が家庭から持参したおやつ用のおしぼりタオルを濡らして、子どもが自分のものだと気づけるように並べておく。午後のおやつのときにはエプロンも用意する。

わかりやすく並べてあることで、子どもたちが自分で手に取れる。子どもたちの「やってみたい」「自分で」を支える援助。

あった！

★おやつを食べる（飲む）ときの援助は？

園によりますが、乳児クラスではそれぞれのタイミングで食べに（飲みに）来ることが多いと思います。おやつ中の子、あそんでいる子、寝ている子が、同時にいることになります。
一度に多くのことが行われて、何を記録してよいかわからなくなったら、
一人の子どもに注目してメモを取ってみましょう。

午前中のおやつの様子。遅れて、自分のタイミングでコップを取りにきた子、おやつの前に排せつやおむつ替えをする子どももいる。

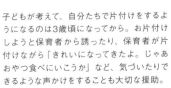

よいしょ、よいしょ。これはこっちにお片付けだね

子どもが考えて、自分たちで片付けをするようになるのは3歳頃になってから。お片付けしようと保育者から誘ったり、保育者が片付けながら「きれいになってきたよ。じゃあおやつ食べにいこうか」など、気づいたりできるような声かけをすることも大切な援助。

先輩VOICE⇨ 日誌・ピアノ！！ この2つはとても大変ですが、実習中は何か楽しみなことを見つけてください！ 私は給食の時間を楽しみに頑張っていました！！！（ピピ）

時間	環境の構成	子どもの活動	保育者の援助と留意点	実習生の動きと気づき
10：00 10：45 11：00 11：10	・子どもの帽子や外靴を準備する。 ・救急用品などが入ったリュックを持つ。 ・戸外に持っていくおもちゃを準備して持つ。 ・おもちゃを並べておく。 ・ゴザと布団を敷く。	○戸外で遊ぶ ・帽子を被る。 ・保育者と一緒に戸外（屋上）に行く。 ・保育者と一緒に靴を履く。 ・植物を見たり、触ったりする。 ・おもちゃで遊ぶ。 ・保育者と一緒に遊ぶ。 　・シャボン玉 　・かけっこ 　・植物を触る 　・電車を引っ張る ・保育室に移動する。 ○手を洗い、排泄をする ・手を洗う。 ・タオルで手を拭く。 ・おむつを替える。 ・トイレで排泄をする。 ・着替えをする。 ○順次、昼食を食べる ・椅子に座り、エプロンを着けてもらう。 ・昼食を食べる。 ・昼食を食べ終えるとき、口を拭く。	○戸外で遊ぶことを伝え、身支度を手伝う ・身支度を一人でできる子どもは見守り、できない子どもには手伝いをする。 ・階段の上り下りをするときには、危険がないように配慮しながら、抱いたり、見守ったり一人一人に合わせる。 ・子ども一人一人に合わせて、靴を並べたり、足を入れやすく靴を広げたりする。 ○子どもと一緒に遊ぶ ・子どもと一緒に遊びながら、他の子どもの遊んでいる様子を見守る。 ・おもちゃが絡んだり、必要な場面では、保育者が関わる。 ・手を広げて「よ〜いどん」と声をかけて、かけっこを誘ったり、シャボン玉を吹いたりする。 ・先生方で保育室に戻る時間を確認して、子どもに保育室に戻ることを伝える。 ○手洗いや排泄の援助をする ・手を洗う子どものそばで、様子を見ながら泡を洗い流すのを手伝う。 ・一人一人に添った方法で排泄ができるように、おむつを替えたりトイレに誘ったりする。 ・子どもの着替えを手伝う。 ○昼食の準備をする ・食べ物アレルギーの子どもの昼食について申し送りをする。 ○昼食の援助をする ・椅子に座るように伝え、子どもにエプロンを着ける。 ・丁寧に配膳して、食べる子どもを見守る。 ・子どもの口に食べ物を運んだり、口の周りを拭いたり援助をする。 ・食べ終わるときに、口や服が汚れていないか確認をして、口を拭いたり、着替えを手伝ったりする。 ・一人一人の食べた量を記録する。	・子どもの身支度の様子を観察しながら、帽子を被るのを援助する。 ・子どもの先頭と後ろに保育者がいて、危険がないようにしていた。 ・一人で靴を履くことが難しい子どもを手伝う。 ・「ここに座るといいよ」と段差に座るように伝えていた。地面より足元が見えて履きやすそうだった。 ・危険がないように立ち位置に気をつけながら、一緒に遊ぶ。 ・先生方はしゃがんでいることが多かった。しゃがんでいると子どもが走ってきたときに受け止めたりできるし、シャボン玉も子どもから見やすいようだ。 ・子どもとおもちゃを箱に入れる。 ・保育室に戻ってきた子どもに手を洗うように伝える。 ・手を洗ったり、拭いたりする子どもを手伝う。 ・長い間手を洗っている子どもに「もうきれいになったよ」と声をかけていた。 ・割烹着を着て帽子を被り、テーブルを消毒する。 ・先生方に「今日は除去食ありません」と伝えていた。聞いた先生方も「はい」と返事をしていた。みんなで確認することが大切だと思った。 ・アレルギーの子どもの椅子には写真が貼ってあって、食事はトレーに載せて運ばれてきた。間違えないような工夫がたくさんあることに気づいた。 ・昼食を食べる子どものそばで、見守り、こぼれた食べ物を拭く。
	・小さな音でオルゴールを流す。	○午睡をする ・布団に寝る。	○入眠援助をする 子どもの隣に座り、体をさすったり、リズムよくなでたりして、気持ちよく眠れるように援助する。	・カーテンを閉めて、布団を敷く位置を先生に聞きながら、布団を敷く。 ・布団の向きは、シラミが出たときに移る可能性があるので、頭同士がくっつかないように並べることを知った。 ・保育者は「登園が遅かったからいつもよりもゆっくり寝ると思う。まだ遊んでいい」など一人一人の子どもの生活リズムを知っていた。

先輩VOICE　「朝の歌」「帰りの歌」「お昼の歌」…たくさんの園で歌われている曲は完璧に覚えて、子どもたちの顔を見て弾けるようになるまで練習した方がいいと思います。園歌など間違えてしまっても、右手のメロディーだけは止めないようにするといいです。（赤毛のアヤ）

👀 主活動

★乳児クラスにおける主活動は、個々にどのように配慮しながら行われている？

午前中のおやつ後の活動が、その日の主な活動です。
クラス全員で行動するのではなく、少人数ごとに動くのが乳児クラスの基本。
保育者1人に対しての子どもの人数に気を配りながら、保育者同士連携して動いています。
子どもの様子と保育者の援助を中心に記録してみましょう。

● おやつを終えた子から、身支度

「これからお外にあそびに行くよ。帽子かぶろう」

おやつを終えてやってきた子ども。一人一人に言葉かけをしながら援助していく。

● 移動時の保育者の位置

保育室から戸外に移動する場面では、子どもの列の前後に保育者がついている。保育者は、後ろにいる子どもを見ながらドアを押さえて……。安全を守る配慮がさりげなく行われている。

● 個人差やその日の気分差によって異なる援助

「お靴、履こうね〜」

子どもが、どこまで自分でやりたがっているのか、できるのかを確認しながら、丁寧に援助。保育者の手元をじっと見ている子ども。子ども自身の「自分でやってみたい」につながる、大切な援助。

「ゆっくりでいいよ。よいしょ。よいしょ」

はいはいの子ども、抱っこの子どももいれば、手すりにつかまって歩きたい子どももいる。また乳児期は、できることでもその日の気分や体調によって、保育者に甘えたいこともある。それを甘えと突き放さず、受け止めてかなえるのも、乳児クラスの保育者。

● 楽しさが続くための、保育者の行動や言葉かけ

戸外では、かけっこをしたりボールあそびをしたり、自然物を見たり触ったり、シャボン玉をしたり、手作りの電車のおもちゃを走らせたり、いろいろなあそびが行われています。
子どもがどんな様子であそびたい気持ちを表現していたか観察しながら、それに対する保育者の言葉かけを記録してみましょう。

「おいで〜」「むぎゅっ」「○○ちゃん、来た〜」

2人の保育者の間を走って往復。ぎゅっと受け止めてもらえるのが嬉しい！楽しい！

先輩VOICE　ピアノはたくさん練習しても失敗することもあり、経験が大切だとわかりました。（ジョン子）

●● 生活場面 ●●

昼食

★子どもを待たせない保育者間の連携や流れるような保育の工夫は？

たくさんあそんでお腹がすいたり、ちょっと眠くなったりする子どももいる時間帯です。
昼食の前に、手を洗う、おむつ替えや排せつ、着替えをするといった生活の場面があります。
戸外あそびから昼食へと流れるような生活リズムになるように先生方が連携しているところを観察しましょう。

●アレルギーについての確認

保育園やこども園では、除去食を提供している園がほとんどです。
子どもの命を守るための配慮として、徹底した管理が必要です。

調理スタッフと直接、今日の献立の中にあるアレルギー食材について確認。

除去食メニューは、その子どもの分をトレーに載せて運ばれてくる。園によって異なるが、何かしらの管理の工夫がされているので確認しよう。

●食事中の援助

子どもたちの個人差に配慮しながら、食事のマナーについても知らせていきます。

食具の持ち方や使い方を伝える保育者。

保育者も同じようにしてくれることに気づいたみたい！

同じようにできて、保育者と目を合わせてにっこり。

保育者がスプーンを口の前に差し出すと、子どもはちゃんと食べ物を見てから「あ～ん」と大きく口を開けて、自分からスプーンを口に入れていた。

●食事後

食器を片付ける前に、それぞれの食べた量を確認。連絡帳にも記載される。

午睡

★午睡に入るまでの保育者の動きは？

子どもたちが食事や着替えをしている一方で、布団を敷いて睡眠の準備が行われている。それぞれの布団の場所は、基本は決まっている。

●入眠を促す工夫を観察してみよう

※「トントンする」は保育用語ではないことに注意。「リズムを取りながら背中を優しくなでる」「心地よく入眠できるように体をさする」など、別の表現を。

入眠を促す保育者もいれば、食事の片付けをする保育者もいる。

心地よく眠ることができるように、抱っこしたり、寝ている子どもの体をなでたり。

★午睡中の保育者の動きは？

子どもたちが睡眠をとっている間、保育者は連絡帳に記入したり教材を作ったり、休憩をしたり、いろいろなことをしています。

子どもが寝ている様子を確認しながら、手早く連絡帳に記入。

保護者向けの掲示も午睡中に書いておく。

午後のおやつの準備もしておく。

★目覚めを促す工夫にはどんなものがある？

気持ちよく目覚めることができるように、いろいろな工夫をしています。

カーテンを開けて、自然な目覚めを促す。

なかなか目覚めずにいる子どもの近くに行って、声をかけて。一人一人のリズムを大切にしながらも、おやつの時間などもあるので、優しく促す。

先輩VOICE⇒ 前もって準備をすることで、自信をつけていきましょう。日誌は簡潔にまとめるのも大事！（タマ）

時間	環境の構成	子どもの活動	保育者の援助と留意点	実習生の動きと気づき
12:00			・連絡帳を記入する。	・子どもが寝ているのが見える場所で連絡帳を書いていた。
14:30		・目覚める。 ・おむつを替えるか、トイレで排泄をする。 ○好きな遊び ・保育者と一緒に絵本を見たり、おもちゃで遊んだりする。	・目覚めた子どもに声をかけておむつ交換やトイレに誘う。 ・髪をとかして結び直したり、身だしなみを整えたりする。 ・午睡をしている子どもから離れた場所で、目覚めた子どもと遊ぶ。	・目覚めた子どもの布団を畳んで、片付ける。 ・おむつが濡れていない子どもには、「トイレに座ってみる？」とトイレに誘っていた。昼寝の後におむつが濡れていないときは、排尿しやすいことを知った。 ・目覚めた子どもと一緒に遊ぶ。 ・目が覚めた子どもと絵本を持って廊下に遊びに行き、寝ている子どもを起こさないようにしていた。
14:45	・テーブルと椅子を並べる。		・おやつのおしぼりとエプロンを準備する。 ・ホワイトボードに一日の様子を書く。	・先生と一緒におしぼりやエプロンの準備をする。 ・子どもが寝ている時間に連絡帳を書いたり、おやつの準備をしたり、休憩をしたり、することがたくさんあることに気づいた。
15:00	 ・テーブルや椅子を拭いて片付ける。	○おやつ ・椅子に座り、おしぼりで手を拭く。 ・おやつを食べる。 ・おかわりをする子どもがいる。	・おやつの準備ができたことを伝えて椅子に座るように誘う。 ・おしぼりで子どもの手を拭く。 ・おやつを配る。 ・食べている様子を見ながら、声をかけたり、お茶を注いだりする。	・テーブルを消毒する。 ・エプロンを着ける援助をする。 ・子どもの手を丁寧に拭いて、子どもにおやつを渡す。 ・先生と一緒にテーブルを拭く。 ・おやつの最後に「お茶を飲んでね」と言っていた。園では歯磨きをしないので、口の中をきれいにするためであることを知った。
16:30		○遊び ・好きな遊びをしながら、保護者の迎えを待つ。 ・おもちゃで遊ぶ ・園庭に行く ・絵を描く ・歌遊び ○順次降園 保護者が迎えに来たら、降園する。	・食べ終えた子どもと一緒に遊ぶ。 ・廊下にあるポケットに連絡帳を入れる。 ・子どもを迎えに来た保護者に挨拶をする。 ・子どもに保護者が来たことを伝える。 ・保護者に一日の様子を伝える。 ・保護者と子どもに帰りの挨拶をする。	・子どもが遊んでいる様子を観察しながら、一緒に遊ぶ。 ・先生方は、子どもと遊びながら、起きた時間とおやつの量を連絡帳に書いていた。 ・早番の先生は退勤したり、遅番の先生が来たり、先生方が入れ替わるときに、先生同士で申し送りをしている。 ・子どもと保護者に挨拶をする。 ・挨拶はどの先生方もしているが、保護者の近くに行って話をする先生と、子どもと遊ぶ先生がいる。

Part 2
日誌

👀 午睡明け〜おやつ前のあそび

★ 午睡明け〜おやつ前には、どんなあそびをしている？

保育室ではまだ寝ている子どもがいるので、絵本をはじめとした比較的静かなあそびをしたり、保育室の外であそんだりという配慮がなされています。

廊下に作られた絵本スペースで。

👀 夕方のあそび

★ 思い思いに過ごしながら、どのようなことが繰り返し行われているか、観察してみよう

長い時間を過ごす場所なので、みんなで楽しく過ごしたい子ども、ゆったり過ごしたい子ども、それぞれが過ごせるように保育室の環境を整えています。また、保育者は子どもたちと一緒にあそびながら、排せつの援助やおむつ替えなどを随時行っています。
夕方になったら、その日の実習のねらいや目標を思い出してみて、観察や記録が足りなくないか確認を。足りないところがあったら、その点を中心に観察するとよいでしょう。

布団を片付けたら、あそびのための物を出しはじめる。

睡眠中に乱れた髪を結び直し、整える。

👀 降園

★ お迎えに来た保護者と、どのようなかかわりをしている？

その日の出来事を伝える。このときにも保育者は、子どもたちがあそんでいる様子が見える位置に立っている。

さようなら。また明日ね

次の登園が楽しみになるように、笑顔で送り出す。

先輩VOICE 実習中、ハサミがあると便利です。あと、絵本は必須です。下読みしておけば失敗が少ないので園の本を急に読むより安全です。手あそびもたくさん覚えておくとよいです。20個じゃ足りませんでした。折り紙、ちょっとしたゲームもできるようにしておくと便利ですよ〜。(ゆず)

○ 幼児クラス

日誌＆写真で見る目の付けどころ👀

9月25日（金）　天候（くもり）		4歳児　きく組　30名（欠席2名）	
実習生の目標	好きな遊びの中で昨日との続きの部分、違いの部分を感じる。 クラスの活動時の保育者の全体への投げかけ方や参加しない子どもに対する援助を知る。		
時間	子どもの活動	保育者の援助と留意点	実習生の動きと気づき
		・ミーティング。 ・報告事項を共有する。 ・子どもたちがすぐに遊べるように、昨日の続きの遊びや、よく遊んでいる遊びなどを用意しておく。	・掃除をする。 ・ミーティング。 ・本日の予定を聞く。 ・シールコーナーは、分かりやすく子どもたち自身で確認できるようになっていた。
8:30	●登園・好きな遊び ・登園した子どもから、身支度やトイレを済ませて、好きな遊びを行う。 ・国旗作りコーナーなど用意された環境を見ている。	・登園時の受け入れをする。 ・保護者から子どもの様子を聞く。 ・子どもの様子を視診し、体調の悪い子は検温を行う。 ・身支度を促す。一人一人のペースや状態により声をかけたり、一緒に行ったり見守ったりする。	・朝の受け入れの短い時間ではあるが、保育者は昨日の様子や今日の予定などを保護者に話していることが分かった。
9:00	●好きな遊びをする ・戸外の遊び 　砂場・水流し（雨樋を使った遊び）固定遊具（滑り台・ブランコ・スクーター）・かけっこ・鬼遊び ・室内の遊び 　ヒーローやお姫様などのなりきりごっこ・ままごと・廃品製作・折り紙・段ボール製作・旗の踊り・お寿司屋さんごっこ・中型積み木・電車ごっこ・国旗作り ・ホール 　トランポリン	・それぞれの遊びの状況を見て、見本を提示したり、見守ったり、モデルとなるような動きをしたりしながら子どもたちの遊びの中に入る。 ・遊びが室内・戸外・共有スペースなどに散らばるので、保育者同士で声をかけ合いながら連携を図る。 ・それぞれの子どもがどのようなことをしていて、どんなことに興味をもっているのかを見守る。 ・子どものアイディアに応じて材料を取りに行ったり、場所を整えたりする。	**水流しの遊び** 昨日A児たちは、水を流すことを楽しんでいた様子であったが、今日は水路にボールを流し、水の勢いで速くなることに気づいている姿があった。 **お姫様のステッキ作り** 紙を丸めて棒にしてすずらんテープのふさふさなどを付けていたB児を見て、C児も一緒に作っていた。同じものを作ることでイメージを伝え合ったり、自分のアイディアを表現したりする関わりが生まれてくることが分かった。 **国旗作り** 友達の作っているものと同じものを作ったり、絵本のページをめくって気に入った国の旗を描いたりしていた。保育者は一緒にしながら、模様や形、その国のことについて会話をしていることに気づいた。

先輩VOICE⇒　嫌な園と言ったらアレだけど、自分と合ってない園で実習をするのは正直苦痛になるから、できるだけストレスを感じないように工夫しよう。
（審神者）

👀 保育室の環境構成

★なぜ、それが置かれているの？

登園時の環境構成には意味があります。
何が用意してあるか？　そしてそれがどのように使われているか？
保育者がどのようなあそびを想定して置いているのか？
環境の意味を、子どもの姿を見ながら考えてみましょう。

掲示物など、あそびや活動の経過（プロセス）がわかるものの意味は？

なぜこの状態に置いてあるの？

登園時に昨日の続きができるようになっているのはなぜ？

どこに何があるかわかりやすく収納する意図は？

個人持ち教材と共有教材の使い分けは？

どうして手作りの折り図なの？

👀 登園・受け入れ・身支度

★受け入れの際、保育者が子どもや保護者に話しかけている内容はどんなこと？

雨が降ったら…

保護者と情報共有したり、あそびの内容を伝えたり。

一人一人のペースに合わせたかかわり。

見つけた！

うふふっ

ときにはあそびながら。

★子ども自ら身支度をしたくなるには、どのような所持品、手順、内容なのか？

環境構成とかかわりの両面から考えてみましょう。

今日のシールを貼る場所は…

例えば…
・入ってすぐに、用意する場所がある。
・用意する物が点在せず、近くにある。
・視覚的にわかりやすい工夫がある。

先輩VOICE やってみないと学べない！　準備は余裕をもって正確に。恥ずかしがらずに本気でやれば、先生にも子どもにも伝わるし、たくさん学べる。（さくら）

👀 好きなあそび 👀

★ 好きなあそびの始まりを見てみよう

登園時の子どもがあそびだすまでの子どもの動き方（あそびの見つけ方、友達の誘い方）に注目してみましょう。
保育者による環境（もの・場所）の準備や子どもの言葉かけにはどのようなものがあるでしょうか？

おはよー！
…ん？ 楽しそうなこと してるぞ

友達があそんでいる姿が見えると、まず近くで見たくなる。また、いちばん見える場所でしていることは、保育者の意図（誘いかけたい活動）でもある。

用意されているものがあるとあそびだしやすい。また、「友達や先生がいるから」とやってみたくなったり、「なんだろう？」と思うところから始まったりすることも多い。作りたいものが作れるように、使いたいものがすぐに使えるように、日常的に置いておくことも重要になる。

折り紙の折り方　　折り紙

国旗を作れる紙　　国旗の絵本

★ 好きなあそびの中身や関係を見てみよう

あそびは現象だけ（〜している）で捉えやすいので、その意味を考えてみましょう。
物事に没頭している子どもの姿やその思いをどう読み取るのか？
子どもの思い（イメージ）やあそびの展開・友達同士のかかわりはどうなっている？
子ども同士の思いのぶつかり合いはどのように起こるのか？

● 子どものあそびの意味を考える

それっ！

自分の思いを読み取り、見守ってくれる保育者がいると、子どももうれしい。

同じあそびをしていても、それぞれの思いは違うかもしれない。

● 自分なりのイメージ・あそびが、保育者や友達とのかかわりの中で広がっていく

あそび（ダンス）に必要なものを作り、踊る子どもたち。

自分なりのイメージを考え、伝える。

ほかの子どもがやっていると、やってみたくなったり、自分の考えが出てきたりする。

あそびが広がっていく中で、ダンスの小道具とはまた別の魔法のイメージが新たに展開された。

● アイディアが、周囲に伝わっていく
自由にあそべる環境の中では、楽しい発想には人が集まり、自然と広がっていきます。クラスの集まりで先生が紹介することも。

隣のクラスの子どもたちにも刺激に。

★ あそびの中での様々な体験・経験（再構成・変化・発展・継続）を見てみよう

あそびに応じて、保育者はどんな環境（もの・場所）の調整をしているでしょうか？
継続するあそびはその中でどう変化していますか？

● 試したり工夫したりしながら深まっていく

子どもたちがまずやってみて、そこからどうしたらよいかを工夫する過程が、試したり考えたりする場になる。

昨日見つけた虫がまだ生きているか気になった子どもたち。調べたり探したりする活動につながっていく。

● 環境の調整

作ったものを、子どもが見えるところにすぐに掲示。

活動により場所を変えたり、自由に行き来したりできることでいろいろなあそびが生まれやすい。

先輩VOICE 頑張ってのりこえた先にあるのは、立派な保育者になっている自分です。がんばりましょう！！！（S.M）

時間	子どもの活動	保育者の援助と留意点	実習生の動きと気づき
10:45	●片付け・手洗い・排泄 ・片付けをしてから排泄を済ませ、手洗い・うがいをする。 ・終わった子どもからクラスの活動をするので集まる。	・それぞれの遊びの流れを見ながら声をかけていく。取っておきたいというものについては、子どもたちとどこまで片付けるのかなど相談をしながら片付ける。	・遊びの切れ目をみて片付けを促す。 ・「片付けだよ」と声をかけてみたのだが、「ヤダ、なんで」と言われ、うまくいかなかった。なぜ片付けなのか、どう終わりにするのかが大切だなと感じた。 ・子どもたちに促しながら一緒に手洗い・うがいを行う。
11:00	●クラスの活動 ・保育者の見える位置に座る。 ●手遊び「パン屋さん」 ・全員で同じ動きをする。	・全員が座ったのを確認してから活動を始める。 ・子どもたちが徐々に集まってくるのを見て少しずつ始めるが、全員で同じ動きが楽しめるように全員が揃ってからも行う。	・少し時間のかかる子どもも遅くなっているのを焦りながらも、保育者が待ってくれているという安心感があるようだったので、そのような関わりを大切にしていきたい。 ・みんなで同じ動きを楽しんでいた。
11:10	●クラスの活動「オセロゲーム」 ・ルールを聞いてからオセロゲームを行う。 ・赤チーム・黒チームに分かれて自分のチームの色にひっくり返していくゲームを行う。 ・室内なのでクラスの人数を半分にして行う。 ・待っているチームは応援する。 チームを入れ替えて何回戦か行う。	・オセロ（赤と黒の色が両面になっているもの）を用意する。 ・両面に色があることを伝え、「自分のチームの色が見えるようにするゲームで、その色が多かったチームが勝つよ」とルールを説明する。また実際にひっくり返してみせる。 ・人数や場所の確認をする。ルールの浸透具合によって、チームの人数を少なくしたり、待つ場所を作ったりなど環境調整を行う。 ・様々な参加の方法やルールの理解の違いがあるので、声をかけながらその場で一緒に行う。 ・活動の終わりにそれぞれの子どもの楽しい、悔しいなどに共感したり励ましたりする。 ・次の活動へ移る時に促す言葉をかける。	・ルールの説明では、その時の場所や人数などによって状況が違うことを感じた（人数・場など）。 ・子どもと一緒に行いながら、ルールの理解が難しそうな子どもと一緒にする。 ・保育者間でA児の参加の方法についてその場で話していた。その子どもにとってどうなのかということを考えながら進行していくことの大切さを知った。 ・活動の終わりのときの声のかけ方により終わり方の違いを感じた。 ・「次はどうするかな」などと保育者の言っていたことを質問形式にしてみると、考えながら行っている姿があった。

先輩VOICE　実習は、慣れない環境で1人で頑張らなきゃいけないつらさはありますが、同じ時期に一緒に頑張っている仲間のことを考えたり、毎日かわいい子どもたちに癒されたりして頑張れました。実習中はなるべく早くやることを済ませてしっかり睡眠を取って頑張ってください。（にのたろう）

👀 片付け

★あそんでいる子どもたちへの保育者の言葉かけや動きは？

子どもの気持ちの切り替え方、個々に応じた配慮はどのようにしているでしょうか？
整えること、身の回りの清潔という視点も大切にしながら見てみましょう。

「まだ使える紙はこの箱に入れて…」

保育者も子どもと一緒に片付けていく。次にあそび出しやすくしておくのも大切な配慮。

「これは車庫で充電しておいて、また午後にあそぼう！」

子どもの気持ちが切り替えられる終わり方に。また、置き場所やどこまで取っておくなどかなどを子どもと相談することも。

「着替え終わったら、上履きをはくよ」

あそびの流れを大切にしながら一人一人に声をかけていく。上履きをはく、汚れたら着替えることも次の活動へ向けて大切。

水の活動や、雨上がりのときなどは、廊下や水場に拭くものを用意しておくと子どもも意識する環境になる。

● 着替えや排せつの手順、環境の再構成の方法（次の活動に向けてどのように環境を作り直していくか）も見てみよう

👀 クラスの活動

★全体に向けての言葉かけと、個々への配慮の仕方は？

全体の活動であっても、個別の子どもに声をかけている場面や全体へのルールの確認をしている場面など、さまざまな場面があります。そんな場面はどんなところか見ていくと、保育者がその活動を行う意図（ねらい・育ってほしい姿）や、保育者の配慮が見えてきます。

「みんなそろったね」

集まるときの声かけと、みんなで集まったときの声かけは違う。促しているのか、共有しているのかによって変わってくる。

「見て、こんな赤い丸を使うよ。あと10個くらい必要だから、作るの手伝ってほしいな」

どのような活動なのか、子どもたち自身が楽しそうと思えるように、視覚的にもわかりやすい工夫をしている。

「終わったら、今いる場所に戻るよ。応援する人は、その線から出たら、ゲームの邪魔になっちゃうね」

ルールの確認をしながら進行。ゲームに参加しない子については、別の保育者と連携している。

補助の先生と一対一でやったり、最後だけ参加したりという、いろいろな参加の方法が認められている。その上で、ゲーム後に担任もしっかり声をかけている場面。

「勝てる方法を考えたんだね！」「うん♪」

先輩VOICE 園によって指導の仕方も違い、自分に合う合わないもあります。それでも実習させていただく立場として、笑顔を忘れず頑張ってください。(スマイル)

時間	子どもの活動	保育者の援助と留意点	実習生の動きと気づき
11:30	●弁当準備・弁当 ・排泄・手洗い・うがいを行い、弁当の準備をする。 ・自分たちで机を運び、友達と誘い合いながら準備をする。 ・「いただきます」をして食べる。 ・ほとんどの子どもが食べ終わったら「ごちそうさま」を行う。	・机などの準備を子どもと一緒に行いながら排泄・手洗いなどの声をかける。 ・食事の準備や食事のスピードなどにも個人差があるので、その子のペースに合わせるとともに、少しずつ全体のことも意識していけるように声をかける。また最後まで残る子どもの場所を考え、充分に配慮する。	・机の準備を子どもと一緒に行う。 ・「頑張って食べようね」とばかりついつい声をかけてしまうので、その子に合った援助を今後考えていきたい。 ・最後まで食べているゆっくりな子どもに関わり、片付けをする。
12:30	●好きな遊び ・午前中の続きの遊びや、5歳児がやっているホールでの踊りの練習などを見る。 　砂場・水流し・スクーター・ままごと・廃品製作・お寿司屋さんごっこ・国旗作り・トランポリンなど	・午前中にしていた遊びの続きや、食後すぐなどはゆっくりできる遊びも用意する。 ・クラスのみんなでしたゲームなどを少ない人数で行ったり、午前中の遊びで見ていないところや気になったところに関わったりする。	・オセロゲームやろうよと、何度も誘われたことで、クラスのみんなでやったことが楽しいと自分たちですぐやろうとするのだと思った。 ・午前中の遊びの中で関わっていたB児に誘われたが、遊びのメンバーが午前中と少し違うことに気づいた。
13:30	●降園準備・集まり ・片付け・排泄・手洗い・うがいを行い、降園準備をする。 ・「げんこつ山のたぬきさん」に合わせて皆で同じ動きをしたり自分なりの動きをしたりする。 ・絵本『よーいどん』を見る。	・遊びの流れを見ながら片付けを促す。 ・生活の流れは一人一人の差が出やすいので様子を確認したり声をかけたりする。 ・今、子どもたちが興味をもっている内容を選び、ゆっくり読んだり抑揚をつけて読んだりして、子どもたちが物語の世界に入っていけるようにする。	・ゆっくり身支度をしているD児であるが、手遊びや絵本を見ながら気持ちは一緒に楽しんでいることに気づいた。
13:50	●降園 ・今日の遊びの楽しかったことを話す。 ・今日の遊びの話を皆に話したり、来週の予定を聞いたりする。 ・保育者とスキンシップを取りながら降園する。	・今日楽しかったことを聞いたりクラスの中で共有したりする。今度してみようかなと思えたり来週園に来るのが楽しみになったりするような機会にする。 ・持ち物や持ち帰り物などの忘れ物がないかを確認する。 ・一人ずつコミュニケーションを取ってから降園する。 ●保護者との連携 ・今日の活動の話を保護者にも伝える。 ●明日の準備 ・今日の遊びの様子から、明日に出しておいたほうがよい活動や環境の構成を考え、保育室を整える。 ・材料や道具の点検、補充をする。	・子どもと挨拶を交わして見送る。 ・保護者とも情報を共有していくことの大切さを感じた。 ・掃除と環境整備をする。 ・よく減っている材料から、次の遊びの展開を考えていた。材料の点検からも計画につながるということを知った。

先輩VOICE　子どもたちには、本当に驚かされることが多いので楽しいですよ。あきらめないで！（ネコ松）

Part 2
日誌

👀 昼食

★準備から片付けまでの手順
★昼食時のねらい
★食事中の子どもの会話
★個人差に配慮した保育者の動き

「食べ終わったら続きやろうぜ」
「うん!」

子ども同士の会話から、いろいろな関係が見えてくることも。

「助かるわ〜。ありがとう」

片付けるときに、子どもが手伝ってくれる雰囲気づくりも大切。

保育者も一緒に食べながら、子どもたちとのコミュニケーションを図っています。
準備、生活習慣・食事に関する子どもの発達の程度、個人差も見てみましょう。
食べ終わる時間も違う中、片付けるタイミングはどうしているでしょうか?

👀 帰りの集まり・降園

★帰りの身支度がスムーズにいくように、なされている工夫は?

生活の動線(身支度がしやすいような環境)を考えて、手提げを集めてどこに置いているかなどにも注目してみましょう。また、配布の手紙なども、間違いのないように個々に確認をしています。

★明日に期待が持てるような、一日の終わりを「楽しかった、よかった」と子どもが思える保育者の言葉かけ、かかわりにはどんなものがあるか?

「はやぶさとこまちを作りました」
「連結するんだよ!」

聞いている子どもの表情にも注目。

今日一日楽しかったことや、どんなことをしていたのかなどを発表する機会をつくり、クラスで振り返り、共有するような促しをしている。また、自分の知らなかったことを聞くことで、明日やってみようという期待や意欲につながる。

「あのね…」
「好きな食べ物はなんですか?」

降園時などは、一人一人に丁寧に声をかけたりスキンシップを取ったりすることも一日の終わりを喜ぶかかわりになる。

★保護者との連携の様子はどのようなことを大切にしているのか見てみよう

直接話すことができる保護者もいれば、会わない保護者もいます。
すべての保護者と、子どもの成長をともに喜び合う関係にしていくためにしていることは?

「今日、○○君、大活躍でしたよ」

今日の出来事などを知らせる。朝の受け入れと同じように、一人ずつ保護者と話をしたり、悩みを聞いたりしながら、子どもの成長をともに喜ぶ仲間としての関係へ。

その日の活動など、今の子どもの育ちを共有したり知らせたりするドキュメンテーションなどの媒体も用意して、子どもの姿の発信をしていくことも。

掲示物や掲示場所にも意図が

先輩VOICE(ぱー) 日誌は最初慣れず苦戦すると思うが、日々重ねていくうちに慣れてくるし、楽しくなってくる。こんな先生になりたいと夢が広がってくる!

column

日誌はもっと楽しめる！

子どものあそびのプロセスやそこでの学びの理解がわかりやすくなることにより、
実践の質を高める記録となることが期待されている「ドキュメンテーション」。
これを実習日誌に用いる先駆的な取り組みが一部の園と養成学校で始まっています。

● ドキュメンテーション風日誌

子どもの学びを記録することは、本来は大変ではなくて楽しいもの。実習の記録が楽しいとまでは
いかなくても……、実習生は写真を見ると子どもの姿・自分の気持ちがよみがえってくると言い、書
く方も読む方も、文字だけ書くより楽しくわかりやすいという反響があります。

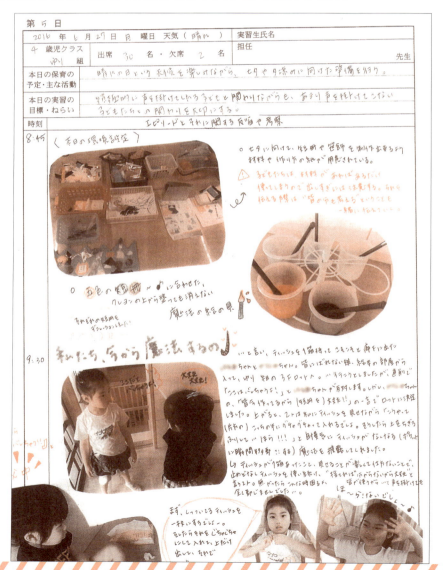

PART3 指導案のカベをのりこえる！

提出した指導案を「うちのクラスにはちょっと難しい」と言われたら？
予定していた担当クラスが急に変わったら？
想像していたより子どもたちがオトナだったら？
やりたい活動があるけど、それが担当クラスとは違う年齢向けだったら？
そんなさまざまな状況は、アレンジ力でのりこえましょう！

P6に、指導案で想定している年齢と時期、アレンジで示しているおよその時期を一覧にした指導案早見表があります。参考にしてください

 # 指導案に必要なのは アレンジの考え方

指導案が書けない！アイディアが浮かばない！と一生懸命、指導案と格闘しているあなた。悩みすぎて実習に行きたくない……なんて思っていませんか？実習生にとって指導案を書くのが難しいのは当たり前のこと。最初から完璧を目指す必要などないのです。

● 最初から全て考えるのは無理！

子どもの姿（発達、興味・関心、友達関係、生活習慣の自立など）を捉えること。ねらい（園の保育理念や保育方針、季節や行事を踏まえて、子どもに何を経験してほしいかなど）を考えて活動を計画すること。……実習生が指導案を書く難しさは、まさにそこにあります。会ったこともない子どもの姿を想像しながら、あるいは目の前の子どもの「今」を知ったばかりで、"子どもたちに必要な経験を"などと言われても、それはある意味、ムチャブリですよね。最初は、すべて自分で考えるのではなく、見本のパターンを手がかりにまねして書いてみる、そこからで十分です。実践を重ね、さまざまな経験をしていくうちに、徐々に、本当の意味で指導案が書けるようになっていくものだと思います。

● 子どもと一緒に楽しむ活動を考え、実践する経験を

子どもと一緒にどんなことしてあそぼうかな？どんな製作をしたら楽しいだろう？そんなことを考えながら保育書籍や雑誌をペラペラとめくってみたり、ネットでいろいろ検索してみたりするのもよいでしょう。そこにはたくさんのアイディアや見本がありますので、これ楽しそう！やってみたい！と思うものをまずは見つけてみてください。あとは、アレンジ次第です。

自分が一生懸命考えた活動で、子どもたちが楽しそうにイキイキと取り組んでいる姿を見たとき、本当に嬉しく、努力が報われた気持ちになるものです。時間が足りなかった、早く終わってしまった、子どもの反応が想像を超えるものだった、段取りが悪くてボロボロだったなんていうこともあるかもしれませんが、どれも実習の大切な学び。保育学生の誰もが通る道です。みなさんを担当される園の先生だっ

て、かつてはそんな思いをされたに違いありません。子どもの世界を知ったり、保育の難しさや奥深さ、味わい深さを感じられたりしたら、それで実習は大成功です!

●担当クラスにぴったり合った見本はなくても十分活用できる!

指導案の見本はこの本にもありますが、製作やあそびのネタ、素材は世の中にあふれています。でも、どれもぴったりマッチしないと悩むことも多いのではないでしょうか。人数が違う、年齢が違う、季節が違うなど見本をそのまま使えないのは当然。でも、自分の担当するクラスに合わせて使えそうなところを組み合わせたり、一部を変更したりしてアレンジする!そうすれば自分の担当クラスにフィットさせることができるのです。

例えば同じ製作でも、素材を変えたり、装飾を変えたり。ゲームならルールを簡単にしたり、時間や回数なども調整したりできます。同じ鬼ごっこでも年齢やクラスの人数に合わせてねらいを変えたり、絵本や紙芝居も季節や発達に合わせて変更することで、それぞれの絵本や紙芝居の内容から子どもが味わう楽しさが変わり、ねらいや内容を置き換えることもできます。

世の中にある山ほどあるアイディアから、自分に合った指導案にアレンジしてみてください。

●活動の展開をどのくらいイメージできるかが大切

実践する前に、絵本や紙芝居、製作やゲームでも実際に何度か読んだり、作ったり、シミュレーションしたりしてみてください。子どもの姿もイメージしながら、ここが楽しい、ここが難しい、このあそびは好きかな、このキャラクターは流行っているかな、ここは工夫が必要かも、というように子どもの前に立ったときのイメージを十分にすることが指導案の作成にも役立ちますし、突然起こるさまざまなことにも落ち着いて対応できることにつながります。

また、実習に入ったら、担当の先生の動きや言葉かけ、子どものあそんでいる様子をよく見ることです。こんなときはこう対応している、こういう手順でしている、用具はこのように整理している、このクラスの子はこんな雰囲気など、先生の動きや子どもの姿がイメージできると保育者の援助や配慮もわかるし、その園の実態に合った指導案を作成することにつながるからです。そして、早めに担当の先生に提出し、自分がやってみたいことを具体的に伝えながら、足りないところやわからないところなど指導を受けるようにしましょう。

製作① 小麦粉粘土（0歳児2月）

201X年2月XX日（木）　0歳児　さくらんぼ組（計12名）　実習生氏名：

子どもの姿
- 生後4か月～11か月の子どもが4人、1歳～1歳10か月の子どもが8人と月齢差のある子どもがいる。
- 興味のある玩具を棚から出して一人で遊んでいる。
- 好きな玩具や絵本を保育者のところに持ってきて一緒に遊んでいる。
- 他児の持っているものに興味をもって同じものを持ちたがることがある。
- 保育室にあるいろいろな手触りの手作り玩具を楽しんでいる。

ねらい
- 保育者や実習生と一緒に遊ぶ楽しさを味わう。
- 小麦粉粘土に触れて感触を楽しむ。

内容
保育者や実習生と一緒に小麦粉粘土に触れたり、容器に出し入れしたりして遊ぶ。

事前準備
- 小麦粉粘土（小麦粉、サラダ油、塩）
- 空き容器（プリンカップ）
- テーブル、椅子
- 台ふきん

時間	環境構成	予想される子どもの活動	実習生の援助・配慮
10:30	小麦粉粘土の準備をする ・テーブル、椅子を並べる。 ・テーブルの上に小麦粉粘土を置く。 ・プリンカップを取り出しやすい位置に置く。 （図：絵本／遊びスペース　実＝実習生位置） ・小麦粉粘土を子どもが握りやすい大きさに分ける。	◎実習生と一緒に小麦粉粘土で遊ぶ ・実習生やテーブル、椅子、小麦粉粘土を準備している姿に興味をもち、近くに来る子どもがいる。 ・小麦粉粘土に指先で触れたり、手のひらで押したりする。 ・実習生に促されて小麦粉粘土の端を引っ張り、切れる様子を見て楽しむ。	◎子どもと一緒に小麦粉粘土で遊ぶ。 ・興味をもって来た子どもに、小麦粉粘土で遊ぶことを伝え、椅子に座るように促す。 ・実習生が座るテーブルの椅子に座れないときには、隣のテーブルに座るように促す。 ・テーブルを回りながら、子どもが遊んでいる姿を確認する。 ・子どもが引っ張れるように小麦粉粘土を細長くしたり、手のひらで押すことができるように丸くしたりする。 ・一緒に小麦粉粘土で遊びながら、ゆっくりと手のひらで粘土を押したり、引っ張ったりして子どもが真似たりできるようにする。 ・小麦粉粘土の柔らかさや冷たさなどを言葉にして伝える。

●どの子に合わせればいいの？
0歳児クラスでも2月だと1歳を過ぎた子どもたちもたくさんいます。一方で、産育休明けで途中入所してくる子どもがいる場合、1歳未満の子が在籍しています。活動のメインは、クラスの大多数である1歳になった子どもたちに合わせて考えつつ、それぞれがそれぞれなりに興味をもてるような活動が理想です。例えば、月齢の高い子どもは小麦粉にふれてあそび、月齢の低い子どもはジッパー付きの袋に何色かの小麦粉粘土を入れて袋を通して感触を楽しめるようにするなど、工夫してみましょう。

●準備場所は相談する！
あそんでいる途中に出すプリンカップは、事前にどこに置いておくか担当の先生に相談しましょう。

●実習生1人では無理！
乳児クラスは何をするのも少人数制。指導案を作成するときに、テーブルをいくつ用意しておくか、実習生はどのテーブルに座るか担当の先生に相談しておくとよいでしょう。実習生は座りっぱなしではなく、テーブルを回ってどの子どもともあそぶようにします。

●このときの言葉かけは…
「引っ張ってみる？」と細長くした粘土を子どもに差し出したり、「ぺったんできるよ」と丸くした粘土を押す仕草をしたりしてあそびかけましょう。
指導案に話し言葉を書く／書かないは、実習の段階や園・育成校の指導により異なります。確認してみましょう。

先輩VOICE 指導案は「季節の動物だから～」や「子どもたちに楽しんでほしいから～」ではなく、「子どもたちを見て、～だったから」というように、実態を見て決めたと伝えるべき。（Lily）

時間	環境構成	予想される子どもの活動	実習生の援助・配慮
10:45	・遊びの様子を見ながら、プリンカップをテーブルの上に出してみる。	・テーブルに寄ってくるが、小麦粉粘土に触れずにいる子どももいる。 ・プリンカップに粘土を入れたり、出したり、たくさん詰めたりして楽しむ。 ・他の遊びに興味をもつ子どももいる。 ・保育者や実習生と一緒に手を洗いに行く。 ・保育者や実習生と一緒に手を洗う。 ・タオルで手を拭こうとする子どももいる。	・小麦粉粘土を口に入れたりしないように、遊びの様子をよく観察する。 ・テーブルに散らばった粘土は時々集めてまとめて、子どもの手の届くところに置いておく。床に落ちた粘土は拾い、子どもが触らないようにまとめておく。 ・小麦粉粘土に触れずにいる子どもにはプリンカップに小麦粉粘土を入れて手渡してみる。 ・手を洗うように促す。 ・小麦粉粘土を終えて、他の遊びに興味をもっている子どもには、手を洗うことを伝えて、一緒に手を洗う場所に行く。 ・実習生は小麦粉粘土で遊んでいる子どもといるか、手を洗いにいくのか確認をしながら動く。 ・石鹸を使い、きれいになることを伝えながら子どもの手を丁寧に洗う。 ・子どもの手を洗ったら、個人タオルで拭く。自分で拭きたがる子どもは見守りながら、水滴がなくなるよう仕上げは実習生が行う。 ・楽しかった気持ちを受け止め、また遊ぼうと声をかけて、次の活動に誘う。
11:00	・小麦粉粘土はまとめ、プリンカップは重ねて子どもの手の届かないところに置く。 ・テーブルを台ふきんで拭いてテーブルを片付ける。	◎小麦粉粘土を終えて他の遊びをする ・他の遊びをする。	・小麦粉粘土をする子どもがいなくなったら、片付けをする。 ・片付けを終えたことを保育者に報告する。

●なかなか触ってくれない…
0歳児クラスの活動は一斉にではなく、個々の興味に合わせてが基本。触るのを嫌がったり感触が苦手な子を無理に参加させる必要はありません。興味はあるけれど触れずにいる子には、ちょっと働きかけてみてもいいですね。

●粘土を続ける子どもと手を洗いに行く子どもがいる
実習生は、まだ小麦粉粘土であそんでいる子どものそばにいるか、手を洗いにいく子どもについていくのかを、事前に担当の先生に確認をして動きます。どんなときも、子どもから目を離さないように、乳児クラスの担当は連携して動かなくてはなりません。

●もうすぐ2歳児
毎日繰り返している生活の場面では、「ジブンデ」という気持ちが芽生えてくる子どももいます。1歳を過ぎた子どもたちには自我が芽生えてきている姿が見られます。自分でやりたい気持ちを大切に、さりげなくフォローします。

先輩VOICE　0歳でのクリスマスツリー作り。子どもはクレヨンとシール貼りをしましたが、0歳児には難しく、補助の先生にすごく助けていただいてしまいました。（おぎゃわまなてい）

Let's アレンジ！

① 小麦粉粘土はNGと言われたら…

0歳児クラスの2月頃だと、1歳の誕生日がだいたい過ぎ、1歳後半の子も多いと思います。
発達の時期としては、小麦粉粘土を使った感触あそびを楽しむのもよいでしょう。
しかし、活動案を変更したほうがよい場合もあります。

低月齢の子や途中入所の子が多かったり、園の方針として0歳児では行わない場合
手作りおもちゃであそんだり、体を動かせるような環境を作ったりして、
より低月齢から楽しめる活動を考えましょう。

小麦粉アレルギーの子どもがいる場合
担当の先生に確認をして大丈夫であれば、小麦粉を米粉に替えて、米粉粘土であそぶこともできます。

実習を行う時期が夏の場合…
涼し気な寒天粘土を作り(寒天と水を火にかけて、粗熱を取り、ジップロックや透明コップに入れて冷蔵庫で固める)、冷たい感触を楽しんだり、たくさんのプリンカップに入れて並べたりしてあそぶのもよいでしょう。

先輩VOICE　実習は失敗するところです！　たくさんさまざまなことをやってみてください！(うみはひろいな)

②対象年齢を上げるなら…

1〜2歳児クラスで小麦粉粘土の活動をするときには、
感触を楽しみ、さらに、つもり・見立てあそびが楽しめるように、
小麦粉粘土に色をつけたり、素材を増やしたりして展開しましょう。

●準備するもの
・小麦粉粘土
・小麦粉粘土に食紅で着色したもの
・紙皿、シリコンの型抜き、スプーンなど
※多めに作っておいて、あそびの様子を見ながら足りない子どもに増やしていきます。
※色とりどりの粘土があると、手元にない色を欲しがり、その対応に時間が取られてしまうので、2〜3色にしておくのがよいでしょう。

●活動内容
・小麦粉粘土の感触を楽しみながら、つぶしたりのばしたりひっぱったり、指先を使ってあそぶ。
・自分が作ったものを、何かに見立ててあそぶことを楽しむ。

例えば…
実習生が「つるつるうどんだよ。いただきます」などと食べるまねをしたり、お皿に載せて、「クッキー、どうぞ」と渡したりすると、子どもも、知っているものを作ろうとしたり、自分の作ったものを「これは○○だよ」と示したりするようになります。

もし一斉に行う場合には…

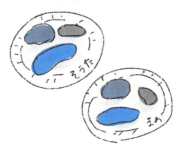

紙皿に子どもの名前を書いておき、その上に1人分の粘土を置いて、子どもを待たせることなく配るようにするとよいでしょう。

先輩VOICE 「むりだー」と思ってても、園に行ったら子どもたちの笑顔がたくさんあるから何とかなる！ やれば終わる！！(snow)

製作② 新聞紙あそび（1歳児2月）

201X年2月XX日（金）　1歳児　ひよこ組（計11名）　実習生氏名：

子どもの姿
- 簡単な衣服の着脱、身支度など「自分で」と自分で行おうとする姿が見られる。
- 小麦粉粘土をしたり、ぐるぐるなぐり描きをしたり、手先を使った遊びを楽しんでいる。
- クラスの子どもの様子をよく見ていて、真似して「同じ」を楽しむ姿が見られる。

ねらい
- 実習生と関わりながら、一緒に新聞紙で遊ぶ楽しさを味わう。
- 手先や全身を使って遊ぶことを楽しむ。

内容
◎新聞紙で遊ぶ
- 新聞紙を破ったり、ちぎったり、丸めたりして遊ぶ。
- 投げたり、集めたり、全身を使って楽しむ。

事前準備
- 新聞紙（子どもが好きなだけ使える枚数、やりやすいように1/2、1/4、1/6ぐらいに切ったものも準備しておく）
- 新聞紙をいれるかご（新聞紙の大きさ別にかごに入れておく）
- スーパーのレジ袋（大きさは大、二重にしたもの）3～4枚

時間	環境構成	予想される子どもの活動	実習生の援助・配慮
10:30	（図：実習生の周りに子どもたちが座る配置）	・興味をもった子どもから集まる。 ・実習生の周りにおおむね左図のように床に座る。 ・実習生と一緒に手遊び「とんとんとんとんひげじいさん」をする。 ・保育者の膝に抱っこされて参加する子どももいる。	・新聞紙をひらひらさせながら「上から下に大風来い、来い来い来い」と歌い、何かなと興味をもち集まれるようにする。 ・座る場所を示し、座るように促す。 ・子どもと一緒に手遊び「とんとんとんとんひげじいさん」を楽しそうにする。
10:35			・ゆっくりと新聞紙を見せて、「これは何かな」と話しかけながら導入していく。
		・触りたがり前に出てくる子もがいる。	・新聞紙を広げ、「こことここを持ってね、びりびりするんだよ」とやってみせ、興味がもてるようにする。 ・一人一人に「やってみようね」と新聞紙を子どもたちが選べるように声かけする。
	・話が終わってから新聞紙を中央に置く。 ・新聞紙が散らかってもいいように、安全な空間を確保する。 ・テーブル、椅子を整理整頓する。	・新聞紙を思いきり、破いたり、ちぎったりする。 ・途中まで手を添えてもらってちぎっていく子どももいる。 ・好きなように遊ぶ。	・子ども一人一人の様子を見ながら進めていく。 ・手を添えてちぎり方を知らせたり横で一緒に同じようにちぎったりを繰り返しやってみる。 ・「いっぱいできたね」と一人一人を褒め、認める言葉をかける。

●1歳児クラスの集合は
実習生の方に興味をもって近づいてきてくれる子もいれば、マイペースに自分のあそびを続ける子もいます。「○○ちゃん、とんとんとんするよ」と声をかけたりはしますが、無理に呼ばず、集まっている子どもたちとあそびを始めましょう。先生方もフォローしてくれます。手あそびをする楽しそうな様子に気づいて集まってくる子もいます。
何をするのか不安に思っている子どもがいる場合は、いつも見ている絵本を読んでみると、安心して来てくれたりします。

●落ち着いてくれるかな？
「とんとんとんとんひげじいさん」は、終わり方が「手は頭」「手はほっぺ」などいろいろなバリエーションがあります。落ち着いた雰囲気に誘いたいときは、声を低くしたり、動きを小さくしたりしてみます。でも、うまくトーンダウンしないこともあるかもしれませんね。そんなときは、担任の先生のまね（落ち着かせる技があるはずです）をしてみましょう。

●「一人一人の様子を見る」とは？
動作をしている最中も、「ビリビリッて音がしたね」「小さくなったね」など、どんどん声をかけていきましょう。積極的な子は好きなだけやれるように素材を提供し、なかなか触ったりちぎったりできない子には手を持って一緒にちぎることから始めましょう。個人差に合わせた援助・配慮が、低年齢児では特に大切です。

先輩VOICE 活動やピアノなど、子どもたちとかかわるときには、まず自分自身が楽しむことが大切です。子どもたちと一緒に楽しめる、すてきな保育者になってください。（にゃにゅにょ）

時間	環境構成	予想される子どもの活動	実習生の援助・配慮
		・両手に破いた新聞紙を持って上に投げてみる。 ・実習生と一緒に「ソレッ」と、かけ声をかけてジャンプしたりする子どももいる。 ・保育者に高く抱っこされて参加する子どももいる。	・紙吹雪遊びを楽しめるように、「ソレッ」と、かけ声をかけてジャンプし、ちぎった新聞紙を上に投げる。ひらひら落ちてくる様子を見て、「雪が落ちてくるみたいだね」と、声かけする。
	・スーパーのレジ袋を出す。	・新聞紙を拾って、レジ袋の中に入れる。	「お部屋の中が雪でいっぱいだね。そろそろご飯だから片付けしようか」「集まれしてみようか」と子どもと一緒に袋に詰め込む。
		・ウサギの顔が出来上がるのを見ている。 ・「ウサギ」と言ったり、出来上がったウサギを見て手を叩いたりする子どももいる。	・詰め込み、レジ袋の口を結び、持ち手をウサギの耳に見立てながら、「あれ、お耳みたいだね、誰かな?」と問いかける。 ・レジ袋の持ち手部分が耳に見えるようピンと立て、ウサギの顔になるよう目、口を描く。 ・「みんなで作ったウサギちゃん、飾っておくね」ロッカーの上に飾る。
		・実習生の話を聞く。 ・実習生の問いかけに「楽しかった」など答える子どももいる。	・「楽しかったね」と楽しかったことを子どもと共感し合う。振り返りとして、新聞を破いたり、ちぎったりして袋に入れ、ウサギになったことを話す。実習生や友達と一緒に遊び、「うん、楽しかった」と満足感が得られるような声かけをする。
11:00	・片付ける。	・手を洗いにいく。 ・きれいになった手をウサギに見せる子どももいる。	・手が汚れていることを知らせ、手をよく洗うように促す。「ウサギちゃんにきれいなった手を見せようね」と言って手を洗いにいく。 ・片付けを終えたことを保育者に報告する。

● 子どもたちの声を聞いてみよう!

雪・雨・葉っぱなど、何に見立ててもOK。「○○○!」とお話してくれる子もいるかもしれません。子どもの声や反応を引き出せると楽しいですね。

● 手を洗わなきゃ!と思わせる工夫

おそらく新聞紙のインクで手のひらが真っ黒になっているので、それを見て「真っ黒だ! 洗ってこよう」と視覚的に訴えることで、より伝わりやすいでしょう。

先輩VOICE 当日緊張してしまい頭が真っ白にならないよう、繰り返しの練習が必要です。(ゆーり)

Let's アレンジ！

①新聞紙を使って体を動かすなら…

新聞紙は、入手しやすく、いろいろなあそびの元になる素材です。
体を動かすのが大好きな1歳児の子どもたちにぴったりの、
新聞紙を利用したあそびを紹介します。

玉入れあそび
①ビニールプールを用意するか、床にテープを貼り円を描く。
②新聞紙を丸めたものにビニールテープを巻いたカラフルなボールを用意し、
　子どもたちが好きなシールをそれぞれ貼ることを楽しむ。
③子どもたちはいろんな場所から、ビニールプールの中にボールを投げ入れる。
④ボールを入れたり、出したりしてあそぶ。

時期的に、節分の前であれば…
ビニールプールの中に段ボールで作った鬼（鬼の顔を貼った段ボール）を置いて、豆まきのイメージであそぶのもよいでしょう。

※的となる鬼は、子どもが投げて当たる高さにする。
※節分の意味を理解するのは難しくても「鬼は一外」「福は一内」とかけ声をかけて、豆まきの雰囲気を味わう。

やり取りが楽しいボールあそび
①透明なビニール袋に破った新聞紙を詰め込み、ドッジボール
　大の大きさのボールを作る。
②転がしたり、投げたり、蹴ったりして、実習生や友達と一緒に
　あそぶ。
③「イクヨー」「ソレッ」「アレ？」「ヨイショ」「ボーン」など、
　簡単な言葉のやり取りを楽しむ。
④「○○ちゃん、コロコロするね」と転がしたりして、やり取り
　を楽しむ。

実習生がボールに顔を描いたりして、「○○ボール」にしても楽しい。

②「ちぎる」を楽しむ製作、対象年齢を上げるなら…

3歳児クラスともなると、手指の動きも発達し、ちぎったり貼ったり、描いたりといった作業を組み合わせた製作にも挑戦できるようになっていきます。○○を作ろうというイメージをもって、製作できるようにもなってきます。

例えば…「**タンタン、ゆきだるまのタンバリン作り**」

●準備するもの
・実習生がタンバリンの土台を人数分作っておく。
※厚手の紙皿2枚（直径14cm）を中表にして小豆を少し入れ、貼り合わせる。
※子どもが手で持っても危なくないように、また小豆が飛び出ないよう、ホッチキスで留めた上からビニールテープなどで縁をぐるっと貼って閉じる。
※紙皿の表裏にゆきだるまと音符を貼っておく。
※誰の作品かわかるようにあらかじめ紙皿に名前を書いておく。
・子どもがちぎりやすいように折り紙を1/4に切って、1人分ずつケースに入れておく。

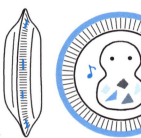

●活動の内容
①ちぎった折り紙にのりを付けて、ゆきだるまの好きなところに貼っていく。
②友達と一緒に「雪」の曲に合わせて、音を出すことを繰り返し楽しむ。

・作る活動と音を出す活動を2回に分けて行ってもよい。
・少人数であれば、閉じる前の状態にちぎり絵をし、貼れたら実習生が小豆を入れて閉じてあげるほうが、貼る作業はしやすい。

●子どもが「作りたい」「欲しい」と、興味を引き出すポイント
・「先生、こんなの作ったの」と作った実物を見せる。
・作り方の流れを説明し、子どもが実際にやる作業をやってみせる。
→「タンバリンを作ろう」というイメージをもって製作に取り組める。

●子どもへの援助のポイント
・きれいにちぎることができなくても「上手にできたね」と言葉をかける。
・必要に応じて、声かけしたり、手を添えたり個別対応をしていく。
・月齢の低い子がいるなら、よりちぎりやすい細長く切った紙も用意しておくとよい。
・手がのりでベタベタになってしまうので、濡れタオルを各テーブルに置いておく。
・出来上がったタンバリンをすぐに叩く子どももいる。まずは好きなように叩いたり、振ったりして音を出して楽しむ。
・自分で作ったもので遊ぶ満足感が得られるように、「上手にできたね」「楽しいね」と言葉をかける。

先輩VOICE　製作をしたときに、事前に気にかけてほしい子（製作が苦手な子）を聞いておいたのはよかった。（空）

製作③　ひらひらちょうちょ（3歳児6月）

201X年6月XX日（火）　3歳児　さくら組（計15名）　実習生氏名：

子どもの姿
- チョウ、ダンゴムシ、カタツムリなど身近な生き物に関心をもってじっと見たり、触ったりしている。
- 保育者や友達と一緒に、手遊びをしたり、歌をうたったり、体を動かしたりして遊ぶことを楽しんでいる。
- 友達に興味を示し同じことを真似して遊ぶが、その中で取り合いになることもある。

ねらい
- 動かして遊ぶものの楽しさを味わう。
- 身近な素材を使って簡単なものを作る。

内容
- シールやテープを貼って「ちょうちょ」作りを楽しむ。
- 出来上がった作品を動かして遊ぶ。

事前準備
- 台紙を作る（15人分＋予備）。
  色画用紙をチョウの形に切っておく。
  半分に折り目を入れておく。
  名前を書いておく。
- 切り込みを入れたストロー20本、クレヨン6セット、セロテープ台3台。
- 花の絵とミツバチやテントウムシなどの壁面。

活動名：「ひらひらちょうちょ」
完成図：

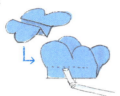

時間	環境構成	予想される子どもの活動	実習生の援助・配慮
10:30	・あらかじめ、子どもの目の高さの壁面に花や虫などを画用紙で作ったものを貼っておく。	○手を洗い、集まる ・何が始まるのかとワクワクしている子どもがいる。	・トイレを済ませ手を洗った子どもから席に座るように声をかける。 ・これから楽しいものを作ろうと声をかける。
10:35	（壁面・材料・実の配置図）	○実習生の話を聞く ・台紙を受け取り、クレヨンで模様を描く。 ・なかなか描けない子どもがいる。	○説明を始める ・園庭でチョウがひらひらととても素敵に舞っていたことを話して、完成した「ひらひらちょうちょ」を動かしてみせながら、一緒に作って飛ばして遊ぼうと言う。 ・台紙を配り、クレヨンで好きな模様を描くように声をかける。 ・「どんなちょうちょになるかな？」などと声をかけ、子どものイメージを広げていくよう心がける。
10:45	・道具は各テーブルにすぐに置けるように用意しておく。 ・台紙は名前が見えやすいように並べておく。	○持ち手の付け方の話を聞き、ストローをテープで貼る ・上手くテープが切れない子どもがいる。 ・実習生と一緒に台紙に持ち手のストローを貼る。 ・自分で貼ることができる子どももいる。	○模様を描けたら棒になるストローを付けることを説明する ・テープを切ることが難しい子どもには一緒にする。 ・実習生が切り込みを入れたストローと台紙を押さえ、子どもがテープを貼りやすいように援助する。 ・「できたよ！」という子どもの気持ちを受け止める。

●予備って、どのくらい必要？
予備としてならば、人数の3分の1くらい。15人なら5つくらいあればよいでしょう。ただし、もう1回作ってみたいという子どもに応じる場合は、かなり多めに用意しておきましょう。やりたいのに、材料がなくなってやれないことがないように準備しましょう。

●全部同じ色の方がいいの？
子どもの製作への姿勢や個々の興味・関心にもよりますが、さまざまな色を数枚用意しておき、好きなものを選んでもらうのも楽しいでしょう。子どもの興味・関心によっては、テントウムシやカメ、車や電車など、いろいろなイメージをもてるような台紙を用意しても。また紙の大きさを変えても子どものイメージは膨らみます。

●「できなかったら手伝うよ」ばかりでなく
同じ「援助」でも、できない子どもを手伝うという考えと、一緒にやるけど自分一人でやりたい子どもはやってごらんという考えとで、子どもへの言葉のかけ方は変わってきます。

先輩VOICE　1日に8人ずつ3日かけて製作をやったので、「早くやりたい！」という子が次々に出てしまい、対応に困ってしまった。（子ども大好き☆）

Part 3 指導案

時間	環境構成	予想される子どもの活動	実習生の援助・配慮
10:55	(図：実習生と子どもたちの配置)	○ひらひらちょうちょを動かして遊ぶ ・飛ばしながら保育者に見せにきたり、関わったりする。 ・壁面の花に興味をもって動かしにいく子どもがいる。 ・友達に関わり一緒に動かして遊ぶ姿が見られる。	○完成したら、実習生の持っているひらひらちょうちょと一緒に飛ばして楽しむ ・「あそこにお花がある。お花のみつを吸いにいこう」などと声をかけ、子どもとイメージでの遊びを楽しむ。 ・「テントウムシだ！」など子どもの発言や、動かし方に注目して、その子どもが楽しんでいることを分かろうとする。 ・みんなが完成しているかどうか、確認する。 ・完成が早かった子どもで、違うことに関心が出てきて飽きはじめている場合には、歌をうたいはじめて、みんなが完成したときにもう一度歌う。
11:05	・終わったテーブルやテープ台などは片付けて場を広くする。 ・走って追いかける子どもの安全に留意する。 (図：実習生と子どもたちの配置)	○実習生の方を見て、一緒に歌をうたう ・完成したひらひらちょうちょを動かしながら歌う。 ・遠くから見ている子どもや、歌に合わせて動き回っている子どもがいる。 ○ちょうちょを壁面に付ける ・作ったものについて話をしている子どもや、もっと作りたい、違うものを作りたいと訴える子どもがいる	○「みんなすてきなちょうちょができたから、一緒にちょうちょの歌をうたおう」と声をかけて、歌い始める ○様々な模様のちょうちょができたことを伝え、みんなのちょうちょをお花のところに飾っておくことを提案する ・テープで貼れた子どもから昼食の準備をするように促す。 ・お昼の後にまた遊ぼうと声をかける。
11:15		○昼食の準備をする	○食事の準備を促す

● なかなか終わらない子どもがいたらどうしたらいい？

凝り性だったり、悩んだり、取りかかるまでが長かったり……完成時間には個人差があります。最後に完成した子どもにも、あそぶ時間をとってあげたいですよね。大切なのはその子どもが満足すること。困っているなら助けるし、もっとじっくりやりたければ、続きを後で一緒にすることを約束したり、ほかの保育者に付き添っていただくようにお願いしたり。その子どもの気持ちをわかってあげたいという姿勢でかかわりましょう。

● またあそべるように

壁面に飾るときには、直接テープで貼ってもよいですが、紙を丸めたものなど筒状の物を貼り付けておくと、ストローを何度も抜き差しできます。

Let's アレンジ！

対象年齢を下げるなら…

2歳児クラスで行うとしたら、作業面やそのほか、どのような調整をすればよいでしょうか。

● 製作工程を簡単にする
例えば、クレヨンで描くのではなく、丸シールを貼ったり、マスキングテープを貼ったり。のりで貼ることに興味があるときは、さまざまな形に切った画用紙を貼るのもよいでしょう。

● 難しいことは準備を工夫して
あらかじめストローを貼ったものを用意しておくとよいでしょう。年齢が下がるとひらひらと小刻みに動かすことが難しいので、硬い紙の方が扱いやすいです。

● いろいろと柔軟に
・ちょうちょにこだわらず、いろいろな興味・関心に対応する。
・一斉活動にこだわらずに、好きなあそびを選んでする活動の中での一つのコーナーとする。そのときの子どもの意欲に応じて丁寧にかかわることが可能になる。
・その後の展開も多様に。子どもの動きによっては園庭に飛ばしにいったり、お散歩に持っていったり。

先輩VOICE → 3歳児で、あまり難しいことができず、ほぼ完成形を作って持っていき、好きなようにデザインしてもらえるようにした。（いくら）

製作④ いろいろきのこ（にじみ絵）（3歳児9月）

201X年9月XX日（火）　3歳児　たいよう組（計18名）　実習生氏名：

子どもの姿
- 夏休み中の経験を友達に話そうとしたり、遊びで再現しようとしたりしている。
- 友達と一緒にやることを楽しんでいる姿がある反面、自分のイメージに沿わないことがあったり、思いにズレが生じたりしたときにトラブルになることもしばしばある。
- 自然現象や季節の移り変わりなどについて興味をもち、「なんで？」「どうして？」と、不思議に思う気持ちを言葉にする姿が見られる。

ねらい
- 色がにじむ不思議さを楽しむ。
- 様々な色が混じり合う楽しさを感じる。

内容
- 「いろいろきのこ」作りを楽しむ。
- きのこに見立てたコーヒーフィルターに水性マジックを使ってにじませるにじみ絵をする。

事前準備
- コーヒーフィルター 約100枚
- トイレットペーパーの芯（厚紙を丸めたもの）人数分
- 雑巾・タオル・机に敷くビニールシート
- 水性ペン（12色入りくらいのもの）10セット
- 水を入れた瓶 10個
- 中太筆 人数分

時間	環境構成	予想される子どもの活動	実習生の援助・配慮
10：30	作品飾る場所 各テーブル用に、水性ペンのセット2、水入りの瓶を2、筆は人数分、すぐ配れるようにを用意しておく。	・空いている椅子に座る。 ・なかなか集まらない子がいる。 ・すぐに集まって興味を示し、座っている子どもがいる。	・活動の始まる前に、排泄を促す。 ・空いている椅子に座るように促す。 ・全員がいることを確認し、椅子の向きをこちらに向けるように促す。 ・子どもたちが集まれるような雰囲気づくりを大切にする。
10：35	一人一人の作業スペースに余裕のあるような配置にしておく。	実習生の話を聞く ①コーヒーフィルターの両面に、水性ペンで丸などの模様を塗る。 ②塗った部分に筆で水を付けてみる。 ③塗った部分がにじむ。 ④芯にフィルターを広げてさす。 ⑤作品を飾る場所に持っていく。	導入として実習生が子どもたちにやってみせる ・普段使っている水性ペンがにじむという不思議さを伝えるように配慮する。また、その不思議なものを自分たちがやってみたいなと思えるように、見本を示す。 ・作りたいという気持ちが高まってきたところで、製作の順序を提示していくようにする。
10：45	各テーブルに材料と道具を配る。	それぞれが作り始める ・実習生がやっていたものを見て、自分も作りたいという気持ちが強くなってくる。	・一人一人の製作のイメージが膨らんでいることが伝わってきたら、道具や材料を配る。

●集まれるような雰囲気って？
集まるときの雰囲気には、保育者が配慮していることがいくつかあります。例えば、何か楽しいことが始まりそうというワクワク感があるか。「待ってたよ」などの言葉かけのように、後から来ても待っていてくれるという安心感があるか……など。うまく集まってくれないときには、意識してみるとよいかもしれません。

●共有物の個数は…
用意する共有物の個数は、人数と、発達の過程や年齢により異なります。また、ねらい（友達と一緒に使うのか、自分でじっくり使うのか）や、活動の内容（子どもたちがどのくらい同時に使うか、どのくらいの頻度使用するのか）によっても変わるので、具体的に活動を想像して考えます。

●最初から材料を置かない
3歳児クラスでは（特に実習生の場合は）、置いてあるとやりだしてしまうことも。配られたらスタートというのが、わかりやすいでしょう。「ここに色を塗るんだよ」「どんな色にしようか」などと言いながら配ると、先ほどの説明とつながって、より伝わると思います。

先輩VOICE 折り紙でクリスマスの飾りを作りました。4グループで4種類の折り紙を作ったので、誰が何を折ったのか興味をもち盛り上がりました。（ミアイ）

時間	環境構成	予想される子どもの活動	実習生の援助・配慮
11:00	各々の製作のペースが違うので、作ったものがすぐに飾れるように芯を立てておく。 ・芯に名前を記入しておき、自分が作った物が子どもにも見えるようにしておく。	・テーブルにいる友達と声をかけ合いながら自分なりに作品を作りはじめる。 ・なかなか進まない子どももいる。 ・水でにじんだのを見てびっくりしている。 ・もう1回やりたいと言う。	・描きだしにくそうにしている子どもや、困っているような子どもに声をかけ、製作を見守ったり子どもたちの思いを聞いたりする。 ・困っている子どもには一緒にやってみたりする。 ・水を付けるときには、瓶を倒して水をこぼさないように促す。 ・1回だけでなく何度もやれるようにしておく。
11:05	必要に応じて終わったところから少し片付けておく。	・出来上がったものを友達や先生に見せたり、飾ったりする。 ・多くの子が完成しはじめる。	・片付け始める。 ・全員が完成したのを見て活動を終わりにする。
11:20 ～11:30	終わった子どもは好きな遊びを行ったり完成した作品を見合ったりする。 次の活動（昼食）へ準備をする。	・好きな遊びをする。 ・まだ終わらない子ども、何度もやっている子どもがいる。 ・全員が完成する。	・早く終わる子へは次の活動に向けての促し、じっくりとやっていて終わらない子には場所の調節をしたり、何度もやっている子へはまたの機会を用意したりして、それぞれにとって満足できる終わり方を考える。

●予備は多めに用意！

やりたい子が何度でもやれるように、予備は多めに用意しておきます。必要量は、活動によりますが、今回の活動で考えると、早い子は、かなりの回数やりそうだと予想できます。飾りに使うトイレットペーパーの芯は足りなくなっても大丈夫ですが、経験してほしい内容であるにじみ絵を楽しむため、コーヒーフィルターは必須。なくなってしまうことのないよう用意しましょう。

●飾る場所は…

きのこの生えているイメージにしておく方が、飾るときも楽しめ、その後の活動も続きやすいのでおすすめです。

●終わる時間のばらつきには…

個人差の大きい3歳児クラス。早く終わる子・なかなか完成しない子にどうかかわるかを事前に考えておきます。終わる時間は想定通りにいかないことが多いので、ほかのあそびも出しておく場所を作るなど、環境の配慮も必要だと考えられます。

先輩VOICE⇒ 製作は、作業のスピードが一人一人違うので、難しかった。全体のスピードを見つつ、次に進めることが大変だった。（パンダ）

Let's アレンジ！

①対象年齢を下げるなら…

コーヒーフィルターは水にぬれても丈夫で扱いやすく、低年齢児でも大丈夫な万能素材。あらゆる季節で楽しめます。また、その特性を感じるために、製作というよりもマジックのような不思議さを生かした活動を考えてみます。
みんなで一緒だけでなく、コーナーを担当するときなど、子どもとじっくりのときにオススメ。

例えば…マジックきのこ
・画用紙をあらかじめ見立てるものに切っておく。
・実習生がスポンジに水を含ませたもので画用紙をぬらしてから、子どもが薄く溶いた絵の具を筆やタンポで付けていくと、付けた瞬間に、にじんでいく。

にじんでいく様子が不思議！複数の色でやると混じり合っていく楽しさも。

コーヒーフィルターとにじみ絵の組み合わせは、春の花・朝顔・花火・落ち葉・ちょうちょなど季節に合わせた題材や、オールシーズンなシャボン玉・風船など、いろいろなものに使えます。

②「にじむ」を楽しむあそび、ほかにも…

にじむという偶然性はとにかく楽しく、子ども一人一人の作品への広がりは無限大。
「にじむ」に焦点を当ててみると、指導案の次の展開（または4・5歳児の活動として）が見えてきます。

後からくる不思議さを味わう
障子紙の染め紙（四角に折って先だけ付けて染める）などは、紙を広げてみないとどうなっているかわからないという、新たな「にじむ」の楽しみ方となります。
後でわかる不思議さ、広げる楽しさを存分に味わって。

さまざまな素材で
コーヒーフィルターと同じやり方で、習字用の半紙を使うと、色がもっと薄まって、また違います。

にじませる方法を変えて
筆で水を付けるのではなく、霧吹きで水をかけると、また違ったにじみ方になり、霧吹き自体の楽しさも味わえます。テラスや外での活動にもなります。

● にじみ絵は、製作に苦手意識のある子どもでも楽しめるうえに、何度やっても同じものはできないので、活動後もあそびが盛り上がる。

③ グループやクラスのみんなで1つのものを

一人一人の作品ではなくて、クラスのみんなでやってみましょう。
その年齢なりの楽しみ方ができます。

例えば…スポイトにじみ絵
大きな障子紙（レーヨンが入っていて、紙にのりが付いていないものがよい）に、スポイトで絵の具（水で溶いたもの。食紅・着色料などでも）を垂らしていきます。
垂らした高さによって水玉のようになったり重なったり、白い部分と色の部分のコントラストがきれいです。
紙に染み込んでいく様子がスポイトを使うとよくわかります。

- うまくスポイトが使えずに、思わぬところに垂れたりするのもおもしろい。
- 一気に大人数でできるし、4人くらいずつでもできる。

④ 夏場なら、水あそびっぽくアレンジ！

霧吹きや水鉄砲を使って的当てあそびの要素を加え、にじむ・消えるおもしろさを味わいます。
夏の暑い日には水着で、たらいに水を用意して、水あそびの雰囲気で楽しみたいですね。

① ビニールシート（少し厚め）に、消えさせたいものやにじむと楽しいもの（炎・お化け・顔・風船・アイス・花など）を実習生が水性の画材で描いておき、テラスや外につるしたり立て掛けたりしておく。

② 霧吹き・水鉄砲（大・中）・スポイトなどを使って、絵にかけていく。
絵がにじんで消えていく楽しさを存分に味わって。

先輩VOICE⇒ 製作時、子どもにわかりやすく説明することの難しさを感じた。（ムサシ）

製作⑤ 絵本からの折り紙製作（4歳児2月）

201X年2月XX日（火）　4歳児　もも組（計22名）　実習生氏名：

子どもの姿
・寒い日が続くため、ホールや園庭で走ったり、集団でごっこ遊びをしたりするなど、体を動かす遊びが見られる。
・気の合う友達と一緒に好きな遊びを楽しみながら、工夫したり、新しい仲間が加わって遊びに深まりや広がりが見られたりする。

ねらい
・折り紙やマーカーを使って、自分の好きなだるまちゃんを作る楽しさを味わう。

内容
・折り紙で自分の好きな大きさを考えてだるまちゃんを折る。
・折っただるまちゃんに手足の位置を考えてのりで付ける。
・だるまちゃんの顔に自分の好きな表情を描く。

事前準備
・絵本『だるまちゃんとうさぎちゃん』
・包装紙（大きい折り紙）
・模造紙にだるまちゃんとうさぎちゃんの壁面を作る。
・だるまちゃんの手足型（子ども一人で手2・足2を使用。手足各44。予備6。合わせて各50を用意）
・個人持ちののり、マーカー　　・のり拭き雑巾（各机に1つ）

時間	環境構成	予想される子どもの活動	実習生の援助・配慮
10:20 環境設定	・子どもたちが集まる場所の目安がわかるように椅子を置く。	・実習生の言葉かけを聞き、これから始まる活動に意欲的な表情を表す。 ・友達と協力しながら遊んでいた遊具を片付ける。 ・片付けが終わった子どもから排泄を済ませる。 ・排泄は終わった子どもから実習生の周りにお山座りで好きな場所に座る。 ・友達の名前を呼びながら一緒に座れるように誘い合う様子が見られる。	・これから楽しいことが始まることを子どもたち全員に聞こえるように言葉かけをする。 ・今まで遊んでいた遊具の片付けが必要な場合は、一緒に片付けをしながら、次に行う活動に意欲的に参加できるよう促す。 ・片付けができたら排泄の言葉かけをする。排泄の様子を見ながら、実習生の椅子の周りにお山座りで座って待っているように伝える。 ・半分くらいの子どもたちが集まってきたら、実習生は実習生の椅子に座り、他の子どもたちが進んで座れるような雰囲気を作る。 ・作りたいという気持ちが高まってきたところで、製作の順序を提示していくようにする。
10:30 導入	・手遊び「トントンパチパチ」	・実習生の真似をしながら笑顔で友達と一緒に手遊びを楽しむ。 ・トントンパチパチと言いながら実習生の言葉かけでいろいろな動物を想像し、動物のしぐさを真似しながら見立てる楽しさを味わう。	・楽しいことが始まるような様子が伝わるように、手遊び「トントンパチパチ」を行う。 ・子どもたちがトントンパチパチの次に出てくる動物を想像できるような見立てた言い方をする。 ・1人の子どもと実習生とで2人組になり、見本をしながら楽しさを伝える。

出典：『だるまちゃんとうさぎちゃん』加古里子 作・絵　福音館書店 1977年

●手あそびは、なじみのあるもの？ 新しいもの？

子どもたちは、やったことのない手あそびも楽しんでどんどん覚えてくれます。園の先生も、新しい刺激を求めているので、新しい手あそびもどんどん行うとよいと思います。ですが、活動の導入として行う際には、そこで初めての手あそびをすると、時間を予想以上に取られてしまうことも。できれば、部分実習で導入として使う前に、手あそびの時間などで取り入れ、あそび慣れておくとよいでしょう。園でやっていて慣れている手あそびを導入として使っても、安心して子どもたちが入ってきてくれます。

先輩VOICE⇨　製作で使う物（紙コップや折り紙）は、予備を人数＋10個以上用意しておくと安心しました。（あなたのアイドル♡）

Part 3 指導案

時間	環境構成	予想される子どもの活動	実習生の援助・配慮
10:40	・絵本『だるまちゃんとうさぎちゃん』	・友達と一緒に見立てた動物が出てくる絵本を実習生が提示したことで、絵本を見たい気持ちが高まる。 ・絵本『だるまちゃんとうさぎちゃん』を友達と一緒に見る。 ・絵本に出てくる登場人物を見ながら思い思いの気持ちを表す。 ・だるまちゃんが作っている雪だるまや手袋人形、うさぎのナプキン、うさぎ形のりんごや新聞紙のうさぎ帽子を見る。	・手遊びで表現した動物が出てくる絵本の内容であることを伝え、絵本の読み聞かせに期待が高まる言葉かけをする。 ・表紙、見開きはじっくり見せることにより、一人一人の想像力を広げるようにする。 ・登場人物の気持ちが伝わるような抑揚をつけた読み方をする。 ・ページをめくるときは画面が隠れないような持ち方をし、次のページの内容に期待感がもてるようなめくり方をする。
10:50 展開	・製作遊び時の保育室内環境 机(6台) 子ども用椅子(22脚)	・作ってみたい気持ちが高まり、実習生が提示するだるまちゃんの見本を見ながら、作りたい気持ちを一人一人が言う。 ・保育室の後ろ側の壁まで下がり、机を準備するまで待つ。 ・各グループの当番の子どもは、実習生と一緒に机を運ぶ。 ・どのグループが何をするのか実習生の話を聞く(1、3、5グループの子どもは椅子→のり・マーカー、2・4・6グループの子どもはのり・マーカー→椅子)。 ・友達とぶつからないように安全に気を付けながら椅子を運ぶ。 ・自分の席に着席し、待つ。 ・実習生の話を聞く。 ・当番の子どもは折り紙を実習生の所へ自分のグループの人数分取りにいく。 ・当番の子どもはグループの友達に折り紙を1枚ずつ配布する。	・絵本の読み聞かせの後に、折り紙で作っただるまちゃんの見本を揺らしながら子どもたちの前に提示し、だるまちゃんになりきって、子どもたちがこれから行う製作活動に期待がもてるようにする。 ・机を準備するために、保育室の後方に下がって待つように伝える。 ・各グループの当番を呼び、机を並べる手伝いを伝える。 ・当番の子どもと一緒に協力して机を並べながら、一生懸命行っている気持ちを認め褒める。 ・1、3、5グループの子どもは先に椅子を準備するように伝える。同時に、2、4、6グループの子どもは、自分の道具箱からのりとマーカーを出して自分の机に置く。 ・次に、1、3、5グループの子どもは自分の道具箱からのりとマーカーを出し、自分の席に座ることを伝える。2、4、6グループの子どもは椅子を準備し、自分ののりとマーカーを置いた場所に着席するように伝える。 ・子どもが椅子を持ったり、道具を取りに行ったりする際、安全面に配慮する。 ・全員が着席したことを確認し、当番の子どもにグループの人数分の折り紙を前に取りにくるように伝える。 ・グループの人数分の枚数の折り紙を当番に渡す。

●園の文化に合わせて

この案は、お当番が日常的に行われている園での想定です。お当番がいない場合には、各グループから1人、実習生が指名して手伝ってもらえばよいでしょう。選ばれた子どもはとっても嬉しく、生き生きと一緒に運んでくれるはずです。4歳児ともなると、保育者の手伝いをする習慣がある園が多いと思います。保育者が指名して手伝ってもらうということがイレギュラーに感じられる園では、実習生がテキパキ並べてしまいましょう。

●予定より時間がおしてしまったら…

時間の短縮をしたい場合、この部分は、実習生が各テーブルに折り紙を配ってしまいましょう。

先輩VOICE⇨ 新聞紙を丸めて折り紙で包んで、画用紙に書いた目・口・足を付けて「たこさんヨーヨー」を作ったけど、丸める力が弱い子がいたり、子どものりだと目が剥がれやすかったりした。(だんごむし)

時間	環境構成	予想される子どもの活動	実習生の援助・配慮
		・実習生の折り方を見ながら、折り紙でだるまちゃんを折る。 ・折り紙の折る幅を考えながら折る。 ・折り方がわからない子どもは友達に聞く。 ・実習生に折り方を聞く。 ・折り上がっただるまちゃんを見て喜ぶ。	・包装紙を大きい折り紙にし、子どもたちの前でだるまちゃんの作り方の見本を示しながら、子ども一人一人の様子を見回る。 ・折り紙を折る幅など、自分で好きな大きさを折れるようにやり方など伝え、折る手伝いをする。 ・友達同士でも伝え合えるような言葉かけをする。 ・出来上がっただるまちゃんを見て褒めたり、認めたりして、自信がもてるような言葉がけをする。 ・折り紙を折っている様子を見回りながら、手足型の画用紙をグループごとに机の中央に置く。
	・手足型の入っている箱（6個）	・折っただるまちゃんに手足をのりで付ける。	・折り上がっただるまちゃんの折り紙に手足を2つずつのりで付け、顔に表情を描くことを伝える。
11：15 まとめ	・『だるまちゃんとうさぎちゃん』の壁紙	・顔に表情を好きなように描く。 ・出来上がっただるまちゃんを壁面に貼る。 ・貼られただるまちゃんを見て、自分のだるまちゃんが飾ってあることを喜ぶ。	・個性豊かなだるまちゃんが出来上がったことを一人一人褒める言葉がけをし、共感し合う。 ・次の活動に意欲がもてるような言葉かけを行う。

● **折り紙の説明って難しい…**

折り紙は子どもにとって得意・不得意が分かれる活動。だからこそ、わかりやすく伝えてあげたいですね。
・三角に折るときは…「とんがり山ととんがり山をこんにちはって合わせよう」
・四角に折るときは…「バスができたよ」
など、子どもに伝わる表現を考えてみましょう。始めるときは、「赤と白があるよ。今は白だよ」など、折る方向がわかるように伝え、折った折り紙を見せて、「よく見てね」と折る動作をゆっくりと何度か見せてあげるとよいでしょう。

● **個性が出るように**

折る幅を変えると、大きさの違うだるまちゃんができることを伝えて、子どもが「大きいのを作りたい」「小さいのがいいな」と考えられるように、大小の見本を見せたり、各テーブルに配ったりするとよいでしょう。

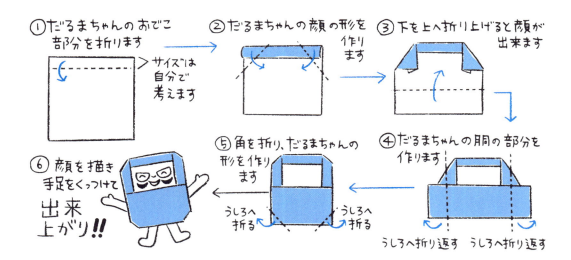

先輩VOICE のりを使った製作のとき、手拭きなど用意するのを忘れていて準備不足でした。（YOU）

Let's アレンジ！

Part 3
指導案

対象年齢を下げるなら…

例えば3歳児であれば、指導案よりも工程を減らして、ほぼ土台が完成しているものに顔や服を描くという工程のみにしてみます。 うさぎちゃんに注目した人形を使ったあそびも、3歳児が楽しめるでしょう。

「うさぎの封筒人形」作り
・絵本『だるまちゃんとうさぎちゃん』の読み聞かせを聞く。
・読み聞かせ後に、実習生がうさぎの封筒人形を出して、
　簡単な寸劇（「ぼく、うさぎちゃん！　雪だるま作り、楽しかったな〜」といった程度）を見せる。
・寸劇を見た後に、うさぎの封筒人形を作りたい気持ちを高める。
・クレヨンを使って顔の表情を描き、洋服の模様を描く。
・出来上がった封筒人形に手を入れて、指を出してあそぶ。

●封筒人形の作り方
〈実習生の作業〉　　　　　　　　　　　　　　　　　　　　　　　〈子どもの作業〉

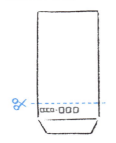 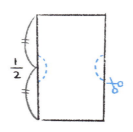 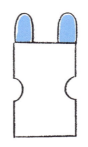 

①封筒の郵便番号の部分をはさみで切る。
②封筒の2分の1のあたりに、指が入るところをはさみで切りぬく。
③画用紙で作った耳をのりで付ける。
④目や服の模様を描く。

画用紙でだるまちゃん作り
一人一人に白い画用紙を渡して、色々な大きさのだるまちゃんを貼る個人製作にしても、楽しい活動になるでしょう。

うさぎの帽子に目をつけて
『だるまちゃんとうさぎちゃん』の絵本には、新聞紙で作るうさぎの帽子の作り方が載っています。実習生が作ったうさぎの帽子を渡して、シールやクレヨンで目や鼻を付けたりするのも、2〜3歳児は楽しいと思います。

先輩VOICE　ロケットガエルの製作のとき、導入で世界のカエルの写真を見せたら盛り上がった。（ももちゃんまん）

製作⑥　紙で作るマイペット（5歳児10月）

201X年10月XX日（木）　5歳児　まつ組（計24名）　実習生氏名：

子どもの姿
- 秋の遠足も終わり、仲間同士でイメージを出し合いながら遊びを楽しんでいる姿が多い。
- 遊びに必要なものを作ったり描いたりしながら、それぞれ自分なりの表現に自信をもって楽しむ姿が多い。
- どの子どももハサミの使い方に慣れ、自由に使えるようになってきている。

ねらい
- 1枚の紙が、平面から立体になることや、切り込みを入れて組み合わせることで接着できることを知る。
- 自分なりのイメージを実現する楽しさを味わう。

内容
平面の紙から立体の猫や犬などを作りあげる
- 1枚の画用紙から、自分なりの動物などをイメージする。
- ボディーや顔の部分の形を切り取り折り曲げ、切込みを入れて組み合わせ、立体を作り上げる。

完成イメージ

事前準備
A：厚口の画用紙を人数分24枚、予備10枚くらい
（八つ切りの半分、縦長横長などできるだけ同じ大きさでない紙、色は白だけでなくできるだけいろいろな色の画用紙）
B：切り落としの、小さな紙（耳や装飾に使う）グループごとにパックに用意しておく
- リボンやきれいな紐などを必要に応じて提供できるように準備しておく。
- 大きい、小さい、長いなど違いがあり、立体できちんと立つ動物を、グループの数分作っておく。

時間	環境構成	予想される子どもの活動	実習生の援助・配慮
10：00	・グループ机（6人×4台） ・材料を置く場所（AとBを配置）	◎グループごとに集まる。	・片付けが終わったら、子どもと一緒にグループの机をいつもの場所に設置する。 ・「これから楽しいことをするので、椅子を持ってきて自分のグループの席に座りましょう」と声をかける。
10：05			・全員が着席したことを確認したら、事前に作っておいた作品を1体ずつ取り出して見せる（できれば台の上やピアノの上に置き、立体であることが分かるように）。
		◎実習生作ったネコやイヌなどの動物を見る。 ・「可愛い」「私も作りたい」などと友達同士言い合ったりする。 ◎実習生の話を注意して聞く。 ・「紙とか、箱とか」「セロテープとか、ハサミとか」などと答える。 ・「どこが？」というように身を乗り出して聞く子どもが出てくる。	・「このネコの名前は○○です」「ボクはおなかがグーンと長いダックス君です」などそれぞれの作品に興味をもてるようにする。 ・「みんなが紙で作るときには、どんな風に作るかしら？ どんなものを使う？」と投げかける。 ・「そうね」と子どもたちの意見に賛同する。 ・「この動物たちはね、いつもとはちょっと違います。年長組なので、ちょっと難しい秘密の方法で作っています」「それは、ハサミだけで作っているのです」と、切り込みを入れてそこに紙を挟むことを知らせ、実際に大きい紙に挟む様子を見せる。

> ●製作では、完成品を見せて説明したほうがいいですよね？
>
> 最初に「こういうものを作るよ」と明確に伝えるか伝えないか。完成品を見せるか見せないか。それは活動のねらいによります。完成品や半完成品を見せるのは、「作りたい」という意欲がもてるようにし、「ああやればできそう！」と見通しをもって活動できるようにするためです。「先生の見本通り作らなくてはいけない」と思わせては、せっかくの子どもの表現を潰すことになりますから、この点は要注意です。完璧な完成品ではなく、「なるほど。こうなっているんだな。私ならこうしてみたい」と思わせるような提示になれば最高です。
> この案では「1枚の紙から立体を作りあげる」ことがポイントですから、その驚きと魅力を共有するためには、実際の物が必要だと考えました。手に取って造りを確認するためにも、グループに1つは欲しいですね。立体できちんと立つようにできていれば、顔などの細部は白紙でもよいと思います。

 先輩VOICE　5歳で製作をしたとき、紙コップを使った製作でしたが、糸を穴に通す部分や折り紙を切るところが難しかったため、もう少し子どもたちのことを理解してやればよかったと思いました。（ねこ）

Part 3 指導案

時間	環境構成	予想される子どもの活動	実習生の援助・配慮
10:20		・机の上の作品を見たり、触ったり、分解したり、元に戻したりする。 ◎ハサミとクレヨンをロッカーから各自持ってくる。 ◎材料置き場から、自分の作りたいもののイメージに合わせた色や形の画用紙を選び、席に持ってくる。 ◎それぞれのペースで作り始める。 ・先に胴体部分を折る子どもや、顔の部分を作る子どもなどいろいろな姿が見られる。 ・友達の様子を見たり、話をしながら作ったりする子どもがいる。 ・顔部分やしっぽを付ける子どもが出てくる。 ・クレヨンで、色を塗ったり、顔を描いたりする子どもが出てくる。	・各グループの机の中央に、作っておいた作品を置き、自由に見たり触ったりすることを奨励する。 ・「今日はみんなで、自分の好きな動物を作ってみようと思います」と作品を作ることを知らせ、ハサミとクレヨンをロッカーから持ってくるように伝える。 ・ハサミを持ってくるときには安全に注意することを知らせ、動線が交差したり慌てたりしないように誘導する。 ・材料置き場に、いろいろな色や大きさ、形の画用紙が置いてあるので、取りにくるように伝える。 ・ゆっくり選んでよいことを伝える。 ・作りたいものが決まった人は作り始めるように伝える。まだ何を作ろうかと考えている子どもには、会話したり、他の子どもの様子を見る時間をもったりできるように見守る。 ・イヌやネコなど決まった動物でなくても「宇宙の動物」でもよいことを伝えたり、その子なりの興味がもてるように会話し励ましたりする。 ・各グループを見て回りながら、それぞれが楽しみながら、それぞれのペースで作る姿を見守り、把握する。
11:00		◎完成させ、立たせたり、手で押して動かしたりさせ始める。	・「なんていう名前なのかしら」「好きな食べ物は何かしら？」などと質問したり、「走るのが速そう」「子どもかな？お母さんかな？」など子どもと会話したりしながら、イメージが描けるようにする。
11:20		◎片付け始める。 ・ゴミはゴミ箱へ、まだ使える紙は大小に分別してもとに戻す。 ◎犬小屋や運動場などを作ったり、遊ばせたりする。 ◎昼食の準備をする。	・出来上がった子どもには、使い終わった紙を分別してもとに戻したり、ごみ箱に捨てたりするよう伝える。 ・作品をどこに集めたらよいか、出来上がった子どもと相談しながら、積み木や空き箱で家やえさを用意する。必要に応じて首輪のリボンを使えることを知らせる。 ・完成までに苦労している子どもには、個人的に声をかけ、必要に応じて手伝ったり、昼食後の時間に作れることを伝えたりする。 ・昼食の準備をするので、片付けるように伝える。

●製作の難しさ その1
完成までの時間差が大きい

早く終わった子どもには、もう1つ追加して作ったり新たな課題を一緒に考えたり、あそべる場や展示する場を用意したりなど、事前にシュミレーションしていくつかの案を考えておくと慌てずに済みます。逆に、会話したり友達の様子を見たりしてもまだ作ることをためらっている子どもには、まず胴体部分を一緒に折って、イメージを具体的にしていくとよいと思います。友達の模倣でもかまいません。その子なりのオリジナルがどこかに必ずあるものです。それを一緒に喜びましょう。

●製作の難しさ その2
「見守る」が難しい…

どのように見守ったらよいか、どうしてよいかわからない場合。とりあえず「にこにこしながら」よく観察してみましょう。そして質問攻めにならない程度に質問したり確認したりしてみましょう。「困ったことがあったら言ってね」と伝えましょう。実習生が一人一人の活動に肯定的な興味・関心を抱いていること、困ったことがあったら助けたいと思っていることを子どもたちに伝えることが大切です。

●集まりの時間に、こんなことも

降園前や昼食前の集まりの時間に、新たな仲間として加わったペットを紹介してもらうのも、おもしろい展開です。あまりおしゃべりではない子どもも、自分のペットの話はしやすく、楽しい経験となるでしょう。短い時間でよく、名前を教えてもらうだけでも、何か得意な芸があるのか、どんな食べ物が好きなのかなど、なんでもよいのです。

先輩VOICE 製作のとき、説明が上手くできなかったり、言葉が砕けた表現になったりしてしまった。スピードが遅い子に合わせたため、全体的に進みが遅くなってしまった。（タリー）

Let's アレンジ！

①対象年齢を下げるなら…

切り込みを利用して立体を作るというのは、かなり高度な楽しみ方。
下のクラスで立体作品を作る場合には、難易度を下げて考えます。
製作過程よりも、イメージの世界を楽しむことに主眼を置いてもよいでしょう。

3歳児だったら…

胴体に、空き箱などすでに形のできているものを使って、簡単にそれらしく作れるようにします。自分専用のペットを作ることを楽しみ、ペットに名前を付けままごとに持ち込んだり、ひもで散歩させて動きを誘ったりできます。「他人と同じものを持ちたい」という気持ちを満足させられるようにするとよいでしょう。

①ティッシュの空き箱などに色模造紙などを巻き付けたものを用意しておく。
②顔やしっぽを貼り付ける。体に好きな模様を描いてもよい。
③目として黒や赤（ウサギなど）、青（青い目のネコ）などのシールや、あらかじめ耳の形に切った紙などを用意しておくと、簡単に顔らしくなり、完成させた満足感につながる。

4歳児だったら…

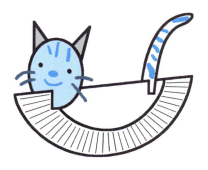

技術的な個人差も大きい時期なので、ハサミが十分に使えない子どもも多くいるかもしれません。土台となるボディーへの切り込みは実習生が援助して、完成させた満足感を味わうことを重視するとよいでしょう。4歳児は、同じものを持ちたいという気持ちより、自分なりのオリジナリティーを認めてほしい気持ちが強いので、胴体部分に好きな色や模様をつけることも喜びます

①紙皿を2つに折り、切り込みを入れる（援助する）。
②顔やしっぽを直接ハサミで切り出したり、端切れ紙をそのまま利用したりして、自分専用のペットを作る。
③胴体部分に好きな色や模様をつける。
④ひげになるような太い糸やモールなども用意しておく。

- 「自分を認めてほしい」という思いに配慮し、どんな状況でも、それを失敗とか下手とか感じないような言葉かけをする。
- 実習生が手を添える際にも、ほかの人と同じようなものを完成させるのではなく、他人と違う部分に価値があると感じられるようなかかわり方をする。

イメージ世界であそぶ楽しさを存分に味わって

名前を付けたペットに話しかけたり、会話したりしながら、イメージ世界であそぶ楽しさを味わうのにもぴったりの製作です。
どんなところに住んでいるのか、好きなあそびや食べ物は何か。家族構成はどうなっているのか、学校や幼稚園に通っているのか、冒険の旅に出かけることはあるのか、病気になったらどうするのか、会話をしながらイメージを明確にしていくことも楽しいでしょう。
自由なあそびの時間に、実習生と数人で楽しむこともできます。

② ペット作りにあまり興味を示さない5歳児には

新たな手法でのペット作りに夢中になって取り組むのも5歳児なら、「紙の動物なんて……」と冷めたことを思うのも5歳児です。そんなクールな子どもも熱くなる、紙立体を楽しむゲームです。

① 決まった大きさの長方形の画用紙をたくさん用意する。
② 1枚の紙から三角柱をたくさん作り、それを積み重ねてどのくらいの高さまで積めるのか、グループで競争する。
- 三角柱は、4つ折りにして巻き込み、セロテープを使用して作る。三角柱と三角柱を重ねるときにはセロテープは使用しない。
- 長い三角柱にするのか太い三角柱にするのかは、各自の判断になる。

※使用後の紙は、再利用します。

③ 「物作り大好き!」な5歳児クラスなら

製作経験が豊富でどんどん挑戦していけるクラスであれば、2つ折り画用紙を胴体にするのではなく、胴と足をそれぞれ紙で作ることを課題にしても、喜んで取り組むでしょう。

- セロテープは使用してもよいが、あとは紙のみとする。
- 三角柱(折り込んで立体にする経験ができる)や、円柱(巻き込んで立体にする経験ができる)などを利用しながら、「立つ」ものを作ることが子どもの側にとっての課題(ねらいと内容)になる。
- 動物にこだわらず、宇宙人でも、亀でも、人間でもいいので、ともかく「立つ」ことに意識が向くようにする。

先輩VOICE 自分たち大人には説明なしでできてしまうことでも、子どもにとっては難しいことがあるので、簡単にわかりやすく説明する必要があると思った。(ベル)

製作⑦　へんてこタワー（5歳児10月）

201X年10月XX日（火）　5歳児　りんご組（計20名）　実習生氏名：

子どもの姿
・遊びや運動会での活動に、仲間と話し合い、考え合い主体的に取り組もうとしている。
・仲間の結びつきが強くなり、互いのよさを理解し、受けとめ、認め合いながら、助け合う様子がよく見られる。
・これまであまり関わりのなかった子に積極的に関わろうとしている。

ねらい
・少し難しい製作に、助け合いながら取り組む。
・自分のイメージを表現しながら、仲間のイメージにも関心を寄せる。

内容
製作「へんてこタワー作り」
・身近にある素材（新聞紙・広告紙）を使って、自分たちのタワーを作る。
・新聞紙、広告紙を丸める。丸めたもの同士をテープで貼る。
・どうしたら崩れないかを考えながら、偶然に出来上がる構造物に工夫を加え、イメージを膨らませながら、楽しんで作る。

事前準備
・活動の時間帯を担当保育者に確認する。製作物を保育室の中に2、3日（週末まで）残しておくことの了解を担当保育者から得る（金曜日に子どもと一緒に解体する）。
・国内外の特徴的なタワーの絵や写真を準備し、イメージを膨らませておく。
・新聞紙・広告紙1枚で細く硬い棒を作っておく（5名ずつ4グループ各50本＝200本）。
・子どもが棒作りからできるように新聞紙を準備しておく（100枚程度）。
・タワーの土台を組んで準備しておく（各グループ1台・デモンストレーション1台、計5台）。
・セロハンテープ（各グループ1台もしくは2台）。

●実習生自身もイメージを膨らませて

東京タワーやスカイツリー、身近にあり子どもたちが知っている地域のタワーや、個性的・魅力的なタワーを探してみましょう。いろいろなカタチのものがあると、「高くする」以外のイメージももててよいと思います。

土台　セロハンテープで3本をしっかり巻いて留める

残りの1本で正三角形を折って作り、テープで留めて、3つの角に合わせて3本の棒を開き、セロハンテープでしっかり留める

時間	環境構成	予想される子どもの活動	実習生の援助・配慮
10：30	[図：拠点1、拠点2、材料を置くテーブル（実）、拠点3、拠点4]　・グループの拠点4か所に新聞紙の棒50本、セロハンテープ1台。・中央の材料を置くテーブルには広げた新聞紙や広告紙、セロハンテープの替えを置く。	○トイレから戻り、準備の整った子どもから誘い合って、5人の仲間と拠点を決め、一緒に座る。・場所や仲間の取り合いなどの小さないざこざが起こるが、譲り合ったり、別の場所や他の子を探したりする様子も見られる。仲間が見つからないで困っている子もいる。・何を作るのか興味津々で、拠点の中央に置いてある素材を触っている。新聞紙棒でいたずらをする子もいる。○「知ってる、テレビで見た！」「見に行ったことある」「タワーの中登ったよ」などそれぞれの経験を話す。○実習生の実演を見る。	○トイレから戻ってきた子どもに5人ずつでチームになって、話し合って場所も決めて座るように伝える。・子どもたちが誘い合って場所を決めている様子に関心を向ける。・場所や仲間の取り合い、仲間が見つからない等のいざこざも子どもの必要な経験と考えて丁寧に対応する。○「これから、へんてこタワーを作りたいなと思います。（写真・絵を見せながら）スカイツリーをみんな見たことあるよね？　東京タワーはこんな形ですね。これもみんな知っているかもしれないね。でも外国では○○なのもあるし、△△なのもあるし、色々あるね。でもどれもものすごく高いんだよね。今日は、4つのグループで4つの面白いタワーをみんなで力合わせて作ってみようと思います。まずは先生が作ってみるからよく見ていてね。簡単だから大丈夫。」・「ここに小さなタワー（土台）があり

●さまざまな子どもの姿を想像し、覚悟しておく

必ずしも指導案に書く必要はないのですが、「自分にとって困る」子どもの姿を、事前に想像しておくことは大事です。事前に覚悟しておくと（説明を聞いて活動の楽しさが伝われば、いたずらもやめるだろうから、しばらく放っておこう……など）、いざその状況になったときに「お、きたな」と思え、動揺せずに進められるのではないでしょうか。

先輩VOICE　指導案は、時間や流れなどわからない部分は省いて、実習前に1回書いておいた方がよいです。ピアノの練習は歌いながらやっておいた方がよいです。（じーま）

Part3 指導案

時間	環境構成	予想される子どもの活動	実習生の援助・配慮	
		・実習生の実演を見てすぐにやり始める子がいる。 ○実習生の実演を注意深く見る。 ・「おもしろそう」などと言いながら、目を輝かせている。	ます。この小さなタワーをみんなの力で大きく、高く、へんてこにしましょう」と言いながら、無造作に2、3本の新聞紙棒を土台にセロハンテープで貼りつけていく。 ・実演しながら、作るときの注意点をさりげなく伝えていく。	●注意事項の伝達にならないような伝え方を 自由に作ってほしいけれど、ここは押さえておかないと作品が成り立たない（作れない）、活動のねらいと違ってしまう（個々に作りはじめる）ということがあると思います。その要点は、しっかり伝えます。「〜しましょう」「〜してはダメ」という言葉の羅列は子どもに届きにくいので、どう伝えるかは考えるポイントです。
		・「一か所だけテープで留めたら、なんだかゆらゆらしてすぐ壊れそうだよね。」と言いながら、**1本につき2か所以上にテープで留める**ところを見せる。「ね。2か所とか3か所で留めるとしっかりしてくるね」と実物を見せながら強調する。 ・「"ここ、ぐらぐらするよ"とか"こっち持ってるからだれかテープで留めて"って、声に出して、**みんなで力合わせて作ろうね。**」 ・「後はみんなが**よく話し合いながら、真ん中にある新聞紙棒を全部使って**、へんてこタワーを作ってください。全部使ってしまって、足りなくなったら、新聞紙の棒は今度はみんなで作りましょう。」		
10:45		○タワー作りを始める。 ・すぐに手に取って棒を土台に取り付ける子、押し合いになっているグループもある。 ・慎重に考えながら取り組もうとする子もいる。 ・イメージできない子もいる。	○「さあ、みんなも作ってみましょう。」 ・押し合いになっている子どもたちには、違う部分に目を向けるように伝える。 ・子どもたちの行動を拾い、他のグループにもアイディアが広がるようにメッセンジャーの働きをする。	
		・自分のつなげた棒の先端に「この先に誰か棒をくっつけて〜」など提案が始まる。⇒「そうね、その先っぽに付けると面白いね。」 ・「私（おれ）、セロテープ切る係」と分業が始まる。⇒「そうか、係を決めるのも、いい考えだね。」 ・2本の棒を長くつなげて、タワーにつなげる子がいる。⇒「いい考えだね。そうすると一発で大きくなるね。」		
		・椅子を使って高くつなげようとする子がいる。 ・準備した棒がまだあるのに、自分で棒を作ろうとする子がいる。 ・うまく棒が作れず、折れてしまう子がいる。 ・「隣のタワーとくっつけよう」と提案する子が出る。 ・自分たちは合体しないで作ると決めている子どもたちもいる。	・「椅子は気を付けてね。誰か椅子支えてあげて。」 ・「棒も自分で作るって人は、ここ（材料を置くテーブル）にたくさん新聞紙があるから、取りにいらっしゃいね。」 ・棒作りができない子にはできる子どもが助けるように、援助する。 ・一人の子のアイディアが共感されていくことを大切にしながらも、一緒に取り組んでいるグループ・相手グループ全員の了解が得られているかどうか、表情や雰囲気の中で察する。了解・共感されない場合は、作業を中断して、しっかり話し合うように促す。	●手伝う子どもの負担にならないように 「まだ棒が作れていないお友達がいたら、手伝ってあげてね〜」などと、自分以外のメンバーに目が向くような声かけを全体に向けてする程度で、教えてくれる子は教えてくれます。個別に「○○ちゃんに教えてあげて」と頼むのは、個人に負担をかけすぎることになるかもしれません。
11:15		○自分たちの作品に名前を付ける。 ・すぐ決まるところとなかなか決まらないところがある。		
11:25		○自分たちのタワーを紹介する。	○まとめ ・タワーは金曜日まで飾っておくこと、飾りを付けたり変形させたり、いろいろと手を加えていってもよいことを伝える。	●子どもたちに響いたあそびは続いていく 飾っておく中で、昼食後あるいは翌日以降、子どもたちが自由にアレンジしていくと思います。また、そういった姿が見えたら、この製作は大成功だったといえるでしょう。
11:30		○昼食の準備をする。 ・保育者と一緒にそれぞれのタワーを保育室の隅に移動する。 ・食事用のテーブルを出し、椅子を準備する。 ・手を洗い、着席する。		

先輩VOICE 5歳でやった「鳴き声探しゲーム」。動物のカードを1人1枚配り、配られたカードの鳴き声のまねをして同じ鳴き声の動物で集まる。子どもたちは、動物のまねを楽しんでいました！（ほのか）

身体活動・表現① サイコロコロコロ（1歳児2月）

201X年2月XX日（水）　1歳児　ひよこ組（計11名）　実習生氏名：

子どもの姿
・見立て遊びやごっこ遊びを楽しむ子どもがいる。
・自分の思いを言葉で伝えようとする子が出てくる。
・クラスの子どもの遊ぶ様子見て、真似をする姿が見られる。

ねらい
・体を動かしたり言葉にしたりして、表現することを楽しむ。

内容
・サイコロを転がして楽しむ。

事前準備
・動物の絵（ウサギ）を1つの面に付けたサイコロ
（子ども全員分11個、保育者と実習生4個）
（500mℓ～1ℓの紙パックの底を利用して立方体にしたもの）

時間	環境構成	予想される子どもの活動	実習生の援助・配慮
10:00	・転んでも大丈夫なように、保育室のものを片付け、やるスペースを作る。	・実習生の持っているサイコロに興味をもつ。 ・サイコロに気付いて追いかける。 ・ウサギの絵が貼ってあるのに気づく。 ・真似する子が出てくる。 ・子どもたちが集まってくる。	・サイコロを用意する。 ・子どもにサイコロを渡す。 ・「コロコロコロー」などと言いながら、実習生の分のサイコロを転がす。 ・子どもの動線を考えて、危険のない位置に行くように、ゆっくりと転がす。 ・「あ、ウサギさんだ。ピョンピョン」など、簡潔な言葉を使いながら、ウサギの真似をしてみせる。
		・実習生の真似をして、同じ動きをしようとする。 ・まったく興味を示さない子、見ているだけの子もいる。	・「コロコロできるかな？」と期待をもたせながら、サイコロを転がす。「あ、ウサギさんだ！」と出た動物を見せながら、動物の名前・特徴などを言葉にして、子どもたちと一緒に楽しそうに体を動かす。
		・サイコロをもらい、転がしたり追いかけたりする。	・サイコロを手渡して、乗ると壊れてしまうことを伝えて、コロコロ転がすと楽しいことや、追いかけて「ウサギちゃんまてまて」という遊び方を伝える。

●手作りのものを作るときに注意することって…？

最低限、気をつけたいのは、鋭利な部位がないか？ 落ちて誤飲につながるような小さな部品がないか？ ということです。安全にかかわることなので、試作品を見せて、保育者に相談することをオススメします。

●絵がニガテな場合は…

動物の絵がうまく描けない場合はイラストをコピーしたり、写真をプリントして、取れないように貼り付けたりしてもいいです。ウサギやイヌなど子どもたちがよく知っている動物にします。

●あれ、あんまり楽しんでない？

自分の世界が充実している子や不安の強い子など、いろいろな子がいます。1歳児クラスでは、集まってきた子を中心に楽しめばよいでしょう。参加しなくても、見ているだけでも楽しんでいる場合があります。終わってからそっとサイコロに近づいて、転がそうとする姿が見られることもあるかもしれません（そんな姿があったらぜひ日誌に記録を！）。

先輩VOICE　1歳児で「パンやさん」の手あそびをしたとき、内容は理解していなかったがリズムを楽しんでいた。（パン大好き！）

時間	環境構成	予想される子どもの活動	実習生の援助・配慮
10:20		・知っている言葉で発言しようとする。 ・ウサギになりきって楽しむ姿が見られる。 ・跳び上がったり、ハイハイしたりして、体を動かす。 ・他の遊びに移る子が出てくる。	・その子なりの表現を認め、発言はできるだけすべて、「そうね、〜だね」などと子どもが満足できるように褒める。「ピョンピョン」とウサギになりきって一緒に楽しむ。 ・「○○ちゃん、サイコロころんしてみようか」とサイコロを転がしてはなりきって遊ぶことを繰り返す。 ・「そろそろ、ウサギさんがお家に帰る時間になってしまいました。ウサギさんにバイバイしよう。また来てね!」などと言って次回に期待をもたせながら、バイバイをする。 ・サイコロをテーブルの上に載せ、片付けを終えたことを保育者に報告する。

●ねらいは「楽しむ!」こと
ウサギが出ても、自分の好きな動物のまねをしたりする子もいるかもしれません。ここでは楽しむことが目的なので、子どもの表現を評価するというよりは、実習生の楽しむ姿を見せて楽しさを伝えましょう。

●転がし方もいろいろ
上からぽとっと落としてみたり、長く転がるようにしてみたり、変化をつけると楽しさが増します。

●状況によって終わり方を変えて
自由あそびの時間がまだ続くようであれば、やりたい子たちと一緒に続けてもよいでしょう。危ないので、子どもだけで遊ぶことのないようにします。

●遊んだサイコロは…
子どもたちに渡すサイコロには名前を書いておき、あそび終わったら、またあそぶことができるようにおもちゃ棚に置くか、持ち帰らせるか、担当の先生に事前に相談しておくとよいでしょう。

先輩VOICE 「キャベツの中から」の手あそびをするとき、軍手を使って手あそびをしたため、とても反応がよかった。(ショーン)

Let's アレンジ！

①対象年齢を上げるなら…

3歳児クラスなど、言葉がもっと出てくるようになれば、子どもたちとのやり取りをもっと楽しめるようになります。
幼児クラスなど、作ってあそぶことを楽しめるクラスであれば、子どもたちにサイコロを作ってもらっても楽しいでしょう。

やり取りを楽しむ
- 出た目の動物の特徴を子どもたちに挙げてもらい、それに合わせて表現をする。
- 出た目の動物の好きな食べ物を一緒に考えて、食べるまねをする。
- 出た目の動物があそびにいく場所を一緒に考えて、あそびにいくまねをする。
- 目の1つに★マークをつけて、★が出たら、好きな動物を子どもたちに言ってもらう。

大人しいタイプの子にも質問してみよう。
お当番の子どもに聞いてみても。

作ってあそぶ
実習生の用意した物で一通りあそんだ後で、グループごとにサイコロを作る製作をしても楽しいでしょう。
作り終えたら、グループごとに「こんなサイコロを作ったよ」とみんなの前で発表したり転がして実際にあそんだりします。

- 準備するもの：厚紙をサイコロ展開図型に切り抜いたもの
  （グループ分）
  動物を描く紙（人数分）

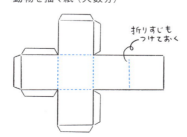

先輩VOICE⇒ 説明不足でグタグタになってしまった。大変なことも身になると思うので、頑張ってください。（雪やこんこ）

Part 3 指導案

②サイコロを使って、もっとあそびたい！

3歳児クラスぐらいになれば、簡単なゲームあそびを楽しめるようになってきます。
実習生も一緒にやっていく中で、簡単なゲームあそび作りをしていきましょう。

簡単なゲームあそび
同じ絵柄がわかり、同じ絵柄を見つけることに楽しさや達成感を味わいます。

●準備するもの：動物サイコロ
・段ボールをサイコロ型に組み立てる。
・各面に色画用紙で作った動物の絵柄（ウサギ、ゾウ、ネズミ、イヌ、ネコ、クマなど）を貼る。

●活動の内容
・スタート、ゴールの絵柄を決める。
・動物のカードを半円形に床に置く。ぶつからないよう間隔を空ける。

●ゲームの進め方
①子どもが動物サイコロを転がし、子ども自身がコマになって動く。
②サイコロで出た絵柄と同じ絵柄の上を行ったり来たりしながらあそぶ。
③サイコロを振り、ゴールの絵柄が出たら終了。

●子どもへの援助のポイント
・ゲームの進め方をやってみせ、楽しさを伝える。
・はじめはルールが理解できなくても、思い思いに十分あそべるようにする。
・同じ絵柄を見つけた子どもに、「おんなじだね」「そう、それでいいのよ」と認めの言葉をかけ、達成感が味わえるようにしていく。
・ルールがわかってきた頃合いをみて、少人数でゆったりと時間を取って楽しむ。

先輩VOICE　質も大切だが、それ以上に量を経験することが大切です。（つぼみ）

身体活動・表現② オオカミさん今何時（2歳児2月）

201X年2月XX日（水） 2歳児　さくら組（計13名）　実習生氏名：

子どもの姿
・戸外が寒いこともあり、保育室内で友達と同じ場で遊ぶ姿が多く見られる。
・友達に関心をもち、自分の思いを言葉で伝える姿が見られる。
・物の取り合いなどのトラブルが多くなってきている。
・保育者の近くで遊ぶ子どもは、短い時間であるが、保育者が戸外に出ると一緒に出て遊ぶ。

ねらい
・実習生や友達と一緒に遊ぶ楽しさを味わう。
・戸外で身体を動かして遊ぼうとする。

内容
・実習生や友達と一緒に逃げたり追いかけたりする遊びを楽しむ。
・戸外で体を動かして「オオカミさん今何時」を楽しむ。

事前準備
・ラインマーカー
・遊ぶ範囲がわかるようにラインを引いておく。

時間	環境構成	予想される子どもの活動	実習生の援助・配慮
10：30	園舎／テラス／園庭／ここに集まる／ライン	・保育室から戸外へ移動し、テラスに集まる。	・戸外に出て、テラスへ集まり、提示した所に座るように伝える。 ・子どもと一緒に行動し、集まれるように促す。 ・すぐに集まらない子どもに対して声をかけ、一緒にやってみようと促す。
		・実習生のゲームの話を聞く。 ・保育者と一緒にやりたがる子どもがいる。	・活動に興味がもてるように、子どもの様子に合わせて説明する。 ・担任保育者に子ども役になっていただき、子どもの前で「オオカミさん今何時」を実際にやってみせる。 ・特に「夜中の12時だー」と言ったら追いかけるから逃げるように伝える。
		・園庭の真ん中へ移動する。	・園庭の広いところでやろうと促し、白線の中でやることを伝える。 ・あまり遠くに行ってしまうと見えなくなってしまうのでラインより手前で逃げてほしいとルールを伝える。
		・友達や保育者、実習生と一緒に「オオカミさん今何時」をする（1回目）。	・最初は実習生がオオカミさんをすることを伝える。 ・実習生も一緒にゲームをやりながら、徐々にゲームの楽しさややり取りのルールが分かるように援助していく。

●あそぶ範囲って？
園庭が広かったり、走り回ると危ない場所があったりして、子どもの動く範囲を定めたほうがよい場合には、白線を引き、あそぶスペースをわかりやすくしておくとよいでしょう。範囲が広すぎると、自分が見きれないこともあります。

●集まってくれるかな？
2歳児の2月頃であれば、楽しいことが始まりそうという期待感で動いてくれる子が多いでしょう。集団にさっと入ってこない子は必ずいるので、その子への対応は、ここまでの実習で見てきた担任保育者の対応を参考にするとよいでしょう。

●ルール説明のコツってある？
2歳児にルールを説明するときには、①かみくだいた言葉で、②わかりやすいストーリーを用いて（オオカミさんにつかまらないように、など）、③一方的ではなく、子どもたちにも問いかけ、反応を見ながら、④実際に実習生がやってみせて、説明をするとよいでしょう。

先輩VOICE⇒ 4歳児14名で「じゃんけん列車」をしたら、人数が少なすぎてすぐ終わってしまった。（たまご）

時間	環境構成	予想される子どもの活動	実習生の援助・配慮
		・オオカミさんをやりたいという子どもがいる。	・実習生は「一緒にやろう」「仲間だね」などと声をかけ、しゃがんで子どもの背の高さに合わせて一緒に何時と答えるか相談する。
		・止まらずにどんどんオオカミさんに近づいてくる子どもがいる。	・近づいてくる子どもには、「12時！」と言って追いかけていきそうな雰囲気づくりをし、ドキドキする気持ちのやり取りを楽しむようにする。
		・「12時だあ」の声を合図にオオカミさんから逃げる。	・子どもたちの走っているときの様子や周囲の状況に留意しながら、担任保育者を捕まえる。
		・集まってゲームの面白かったところを実習生や友達と共有し合う。	・一度実習生の周りに集まるように声をかける。 ・またやりたいという期待がもてるようにゲームの楽しさを共有する。 ・捕まった人が今度はオオカミさんになることを伝えて交代し、2回目を始める。
		・友達や実習生と一緒に「オオカミさん今何時」をする（2回目）。 ・一度目よりも張り切って参加する子どもがいる。 ・もうやらないと言って見ている子どもがいる。	・「オオカミさん今何時」を始める合図をする。 ・子どもたちの様子が見えるところで見ているように促し、やりたくなったらいつでも参加してよいことを伝える。 ・子どもたちの様子を見ながら、安全に配慮する。
11:10		・集まる。 ・「オオカミさん今何時」の面白さを、実習生や友達と一緒に言い合う。	・実習生の周りに集まるように声をかける。 ・またやりたいという期待が持てるように楽しかったことを共有する。 ・子ども同士、たたえ合えるような雰囲気を作るように配慮する。 ・担当の保育者に引き継ぐ。

●留意しながらって、具体的にどんなこと？

張り切って追いかける子どもがいますので、ぶつかり合わないように、あそびに参加しながら、子どもの動きを見て、声をかけていくようにしましょう。また、実習生が危ないと感じる場所には、近くに行って配慮することも必要です。

●よい雰囲気を作る配慮とは…

「〇〇君はたくさん走ってたね」「〇〇ちゃんと一緒にオオカミさんして、先生楽しかったよ」というように、一人一人のよさをその都度たたえていくことがポイントとなります。ゲーム終了のときには、「みんなが大きな声でオオカミさんって聞いてくれたから、先生びっくりしたな」などと感想を伝えることも、雰囲気作りになるでしょう。

先輩VOICE　緊張しても、それより楽しむことが大切だと思う。そして、指導案外のことが起こっても焦りを見せないことが大切だと思う。（ももたろ）

Let's アレンジ！

①低年齢児向け身体表現・みんなで楽しむあそび

一緒に体を動かして楽しむあそび。ちょっとアレンジすると低年齢児でも楽しめます。

ふれあうあそびから、徐々に追いかけるあそびへ
- 「○○ちゃんまてまてー」と追いかけっこ。
- 「あっちの砂場までよーいどん」とかけっこ。
- 追いかける人と逃げる人にイメージをつけて楽しむ。
  ネコとネズミ・ライオンとネコの組み合わせ、追いかけるほうをオオカミ・おばけ・恐竜など。
- 体に付いているものを探して。
  シールを実習生の体に付けて、探してはがすことを楽しむ、発達によっては少し逃げたりよけたりする。
- 陣地を使って、円の中は安全で捕まらない追いかけっこ。追いかけっこ＋安全基地のあそび。

低年齢でも、みんなで一緒に体を動かしてあそぶことを楽しみます。
年齢が上がってくると徐々に、ルールがあるゲームを楽しむようになっていきます。
※P90～の5歳児向けのしっぽとりの指導案、P92～のコラムも参考にしてください。

②2歳児におすすめのあそび、ほかには…

「表現あそび」を取り入れてみるのもよいでしょう。
「なりきる」ことを楽しむ「なりきりごっこ」は2歳児に向いていますし、
どのようなシチュエーションでも楽しくあそぶことができます。

例えば…「たんけんごっこ」
① みんなでこれから探検にいこう……という設定で、探検に出掛ける。
② 「森の中から○○が現れました」という実習生の声かけで○○になりきる。または、「森の中から△△が現れました」「△△が追いかけてきました」という実習生の声かけで、探検隊である子どもたちが逃げていく。
③ 森の中から出てくる○○になるか、探検隊になるか、どちらかのパターンで統一してあそびを何回か繰り返す。
④ みんなは、無事におうちに帰ることができました……という設定で終わりにする。

- ピアノを使用する場合は、子どもたちが「なりきる」人物や動物に合わせて、旋律を変えて弾いてみると盛り上がる。
- ピアノを使わない場合は、タンバリンやウッドブロックなどの打楽器を活用して、リズムを変えたり、強弱をつけたりして動きを楽しむとよい。

③戸外と屋内のアレンジの違い

体を動かすあそびを行うとき、「戸外」と「屋内」では配慮することが異なってきます。
戸外想定の指導案を作成しても、雨天だった場合に向けて、「屋内」での実施も視野に入れておかなくてはいけません。
担当の先生と相談のうえ考えておきましょう。

戸外（園庭など）で体を使ったあそびをする場合の配慮
戸外は、のびのび活動できるよさがありますが、範囲が広すぎるので留意が必要です。

- 戸外は広すぎるので、子どもに集まる場所を明確に示す。
- 周囲に魅力的な遊具もあるので、園庭の中のどこの場所を使うのか考えておく。
- 広すぎて声が通らなかったり、指示が明確でないと聞き取れなかったりすることもある。
  追いかけっこなどのあそぶ範囲を区切るようにする。
- 移動や靴の履き替えなども想定しておく。
- 季節により帽子の着用や水分補給、上着の着脱なども留意しておく。

屋内（遊戯室など）で体を使ったあそびをする場合の配慮
屋内は、範囲が決まっているので全体を見やすいというよさがありますが、安全等の留意が必要です。

- 屋外よりも狭いので、ピアノや窓枠などに衝突しないように気をつける。または衝突しても大丈夫なように環境を整えておく。
- 遊戯室は舞台があることも。あそぶ範囲を決めておくのも大事。
- 走り回ると、屋外よりも友達同士がぶつかり合いやすくなるので、始まりと終わりを区切る、クールダウンの時間を取る、
  半分に分けて少人数ずつあそぶなど工夫する。
- 雨の日で室内は湿気が多く、足元が滑る可能性がある。状態を確かめて拭いたり、裸足になったりなど配慮を。
- 戸外より目印になるものが少なく、集まる場所がわかりにくい場合がある。
  実習生が目印になるようにしたり目印を置いたりして工夫する。
- 屋内で走り回ることにテンションが上がりすぎる子どもに留意。

先輩VOICE⇨ ピアノをもっと前から練習しておけばよかった。失敗を恐れずどんどん「やらせてください」と言ってみればよかった。（キャサリン）

身体活動・表現③　その手を○○に（3歳児6月）

201X年6月XX日（木）　3歳児　ことり組（計20名）　実習生氏名：

子どもの姿
- 新しい生活や環境に、すぐに興味をもって遊び始める子どもや、泣いたり緊張した表情をしたりなど不安を示す子どもがいる。
- 好きな遊具や安心する場所を見つけ、思い思いの遊びを楽しむ。
- 保育者の近くにいて安心する子どもがいる。
- 好きな遊びの場にいる友達と、関わって遊ぶ姿が見られる。

ねらい
- 実習生と一緒に歌を歌ったり、音楽に合わせて体を動かしたりすることを楽しむ。
- 歌遊びの中で様々なイメージを表現しようとする。

内容
- 歌「むすんでひらいて」に合わせて手を叩く。
- 実習生の指示を聞いていろいろな手の形を作る。
- 手振りから見立てた動きを表現する。

事前準備
- 活動の時間帯を担当保育者に確認する。
- 保育者の周りに集まっているときの環境や子どもの様子をよく観察しておく。
- 子どもの様子を見ながらペースを合わせられるようにゆっくり歌う練習をする。

時間	環境構成	予想される子どもの活動	実習生の援助・配慮
11:00	（実）子ども	○トイレから戻り、準備の整った子どもから実習生の周りに集まる ・興味津々に集まってくる子どもと、まだ自分の遊びの続きをしたがっている子どもがいる。	○両手でグーとパーを交互に作ったり、リズミカルに動きをつけたりしながら、子どもの興味をひいていく ・徐々に集まってくる子どもたちに一緒にやろうと声をかけ、これから楽しいことが始まることを伝える。
11:05		○実習生の実演を見る ・「知ってるー」と言って実習生と一緒にする子どもがいる。 ・実習生の真似をして手を動かす。 ・楽しそうに体をゆすって表現する子どもがいる。	○歌「むすんでひらいて」を歌いながら手遊びを実演する ・ゆっくりと歌い大きな身振りでするように留意する。 ・みんなも一緒にやってみようと誘いもう一度歌う。
		○実習生の話を注意深く聞く	○「今度は少し速くなるよ」と言ってリズムを変えてする ・「今度は手をどこにしようかな」と言って歌をうたい始める。
		・手をメガネにして実習生や友達の顔を覗き込む子どももいる。	・「その手をお目にー、メガネー！」と言って両手を眼鏡にして子どもの顔を覗くようにする。 ・「今度はどこかな」と言って歌い始める。「その手をお口にー。マスク」「その手をおしりにー。クッション」など。
		・実習生に自分の考えを伝えようとする子どもがいる。 ・立ち上がったり乗り出したりしている子どもがいる。	・自分の思いを伝えようと実習生に話しにくる子どもがいた場合は、周囲の状況に配慮し、子どもの伝えたい気持ちを受け止める。

●事前準備は…
今までの生活の流れをくみ取らず、いきなり新しい指示を出しても、子どもも困惑し、うまくいかず実習生側も戸惑います。実習生として、活動の時間帯やその前後の活動内容の確認、いつもの集まりがどのような形態か、そのときの子どもの姿がどうかをわかろうとすることは、指導案を考える際に大切。物や技術の準備だけでなく、そのような視点をもつことも、準備として捉えるとよいと思います。

●始めるタイミングは？
みんな集まるまで待っていたくなるかもしれませんが、興味があり先に集まって来た子どもの気持ちも大切に考えると、全員を待つ必要はありません。楽しい雰囲気に引き寄せられて集まってくる子どももいますし、新しいことは遠くから確認するように見守りたいタイプの子どももいます。何度か繰り返すうちにみんなに経験してほしいという思いをもって進めるとよいでしょう。

●速くしたり遅くしたり
リズムが変わるだけで、子どもの楽しみ方は変化し、表現も変化します。メリハリをつけて行ってみるとよいでしょう。

先輩VOICE　手あそびをやったとき、子どもたちも知っていたようではじめは盛り上がっていたけれど、自分のやり方と子どもたちのやり方が違っていてやりづらかった。どちらのやり方でやるなど、しっかり確認するべきだと感じた。（くるみ）

時間	環境構成	予想される子どもの活動	実習生の援助・配慮
		・実習生に「おばけ」「ひこうき」「電車」など、手の動きと共に言葉で様々にイメージを伝えようとする。 ・自分なりになりきって動き回っている子どももいる。	・最後の手の位置についてイメージを表現してくる子どもがいる場合には、そのイメージを受けて、一緒にやってみる。 ・「今度はどこにしてみようか？」と子どもに問いかける。 ・何回かやった後に、「最後はどこにしようか」と言ってあと1回で終わりにすることを伝える。
11:15		○実習生の話を聞く ・今度はこうしたいという子どももいる。	○「面白いものに変身したね」と言って、面白かった表現を改めて一緒にする ・「今度またやってみようね」と、次の機会への期待感を高めながら、活動を終わりにする。
11:20		○昼食の準備をする	○昼食の準備を促す

●特定の子の意見ばかり聞いてしまう…

自分の伝えたイメージを先生が採用してくれることは、子どもにとって、とってもうれしいことです。時間があれば、たくさんの子のいろいろな意見を取り入れていきたいもの。積極的な子の意見を取り入れた後は、その子以外の子にもアイディアを出してもらい、先生がそれを聞くという機会をつくりましょう。

●終わり方はどうしたら？

今の活動内容を「〇〇楽しかったね」と共有したり、「今度またやろうね、今度はこうしてみるともっとおもしろいかもね」と次への期待をもたせたりするとよいでしょう。言葉をかけるポイントは、指導案で立てた「ねらい」や「内容」のキーワードに沿ったものにすることです。

●「表現」は、子どもの生活の中にあるもの

子どもは絶えず表現しています。実習生が「表現」という視点で普段の子どもの生活を見たときに、どのように見えてくるのかが大切です。例えば、そのものになりきった表現、息を合わせた表現、友達の姿をまねた表現、オリジナリティーあふれる個性的な表現、工夫した表現、アイディアやイメージの表現、友達と協同した表現……などの視点をもって、子どもの姿を見てみましょう。

先輩VOICE➪「ぼうがいっぽん」の手あそびを時間調整で行ったとき、一人一人の名前を呼んでいくなどして楽しくできました。（いっち）

Let's アレンジ！

①実習生や友達と一緒に楽しむあそび、ほかにも…

実習生が子どもとする活動にふさわしいあそびは、いろいろあります。
まずは、多くの人が知っているものや、単純で楽しい表現を用いると、
実習生としての学びが見えてくるでしょう。

手をたたいたり、くすぐり合ったり、友達とかかわると楽しいあそび
- ぎったんばっこん ●バスごっこ ●手をたたきましょう ●なべなべそこぬけ
- げんこつやまのたぬきさん ●おせんべやけたかな ●焼き芋じゃんけん
- おちゃらかほい ●お寺の和尚さん ●おふろでごしごし

園庭やホールなどで、大きく体を動かすあそび
- おおかみさん今何時 ●あぶくたった ●ねずみとライオン ●アブラハム

※ダンスやゲームも、何かになりきったり、イメージの世界で楽しんだりする表現あそびです。

歌、手あそび歌、わらべ歌、ふれあいあそびなどをベースにアレンジ
- トントントンなんの音？ あーよかった（「あぶくたった」の一部をアレンジ）
- 大きな栗の木の下で ●ひげじいさん
- かなづちとんとん ●魚がはねて ●グーチョキパーでなにつくろう
- 八百屋のお店 ●大きな太鼓 ●しあわせなら手をたたこう
- おちたおちた ●カレーライスのうた

例えば…「**大きな栗の木の下で**」
「大きな栗の木の下で」を振り付けて歌い、
徐々に「大きな○○の○○の下（上）（中）で」に変えていく。
「大きな栗の木の上で」→「大きな**飛行機の翼の上で**」「大きな**回転寿司のお皿の上で**」のように、
少しずつ変えていくとイメージが膨らんでおもしろい。

②年齢に合わせたものを考えるときは…

どのような表現が好きかは、個々の子どもやクラスによって違います。
だいたいの考え方として、次のように考えられます。
リズムを変えることでも対応できることも多いです。

2～3歳児頃は…
「もう1回！」と何度もやりたがり、繰り返しを楽しむ時期。あまり長い歌や複雑な動作ではなく、シンプルな動作にしましょう。「いないいないばあ！」や「オー！」というかけ声のような、ちょっとみんなと合わせる言葉や動作が楽しいです。じゃんけんなどは難しくなります。

先輩VOICE⇨「ぼうがいっぽん」の手あそびは、子どもたちは楽しくなってくると、「自分にもやって！」とみんなが言い、収拾がつかなくなってしまうことがありました。ので、次やるときは物だけを指すようにしました。（みかん）

4歳児頃は…
やりたい自分とできない自分のギャップに困る姿も。「できた！」という喜びが大切です。
自分のオリジナルな動きを認めてほしいので、子どもたちの意見が取り入れやすいものが楽しいです。
「いいこと考えた！」と、実際にはありえないちょっと変なことを想像することが好きなので、出てくる意見はぶっとびがち。
心を広く受け止めましょう。
誰かと一緒が楽しくなる時期なので、気の合う人や新しい人との出会いとなる2人組が有効なことも。

5歳児頃は…
友達と協力したり話し合ったりして一緒に表現するようなあそびが好きです。複雑な動きにも挑戦することが好きなので、ちょっと難しいことをしたりリズムを速くしたりしてみても。大きな動きや緻密な動きをしたいという気持ちも大きいです。

③ イメージの世界へ旅立とう

「表現」は子どもとの対話から広がっていきますから、既成の歌あそびや手あそびなどに固執しすぎず、
子どもとのやり取りをどんどん楽しんで世界を作っていきましょう。
お面や小物を用意したり、音楽を流したりするとよりイメージが膨らみます。

例えば…椅子を2列に並べて、ジェットコースターごっこ
「途中、急に曲がったり登ったり落ちたり、ぐるっと回ったりしますのでお気をつけください。それでは出発です。ガタンガタン」「みんな、この登り坂が終わったら落ちるからね、気をつけて。○○ちゃん、手を離してて大丈夫なの？私もやってみよう。あ、落ちるよ、でもいい眺め、落ちるー（両手を挙げて体を前に倒して）キャー！（両手を右側に動かして）こっちに曲がるよ、キャー……」

例えば…ハンドルを1人1つ作って、運転ごっこ
「まもなく車（○○号）が発車いたします。ドアが閉まります。しゅっぱーつ！（軽快な音楽を流したりピアノを弾いたり）」「あちらは海ですって、ここが駅なんだって、まもなく駅に到着でーす（音楽を止めて）」段ボールのトンネルやマットの山を用意したり、特急区間を作ったりするとイメージが広がる。

ほかにも…
- 忍者、仙人になったつもりで修行（ダンス「しゅりけんにんじゃ」）
- 海賊になって冒険（体操「かいぞくたいそう」）
- 動物になって飛んだり跳ねたり
- 妖精になって魔法をかけたり飛び回ったり

先輩VOICE⇨ 「ひげじいさん」の手あそび、定番だけどやっぱり盛り上がる！（ひげねえさん）

身体活動・表現④　フルーツバスケット（4歳児6月）

201X年6月XX日（金）　4歳児　ゆり組（計25名）　実習生氏名：

子どもの姿
- 友達の登園を待って遊び始めたり、数人の友達とかたまって遊んだりする。
- 友達と一緒にいたい、関わりたい、という気持ちはあるが、うまく伝えられずトラブルになることもある。
- みんなでする活動には喜んで参加し、友達との触れ合いや言葉のやり取りを楽しむ姿が見られる。

ねらい
- 友達と一緒に、合図に合わせて動く楽しさを味わう。

内容
フルーツバスケットを3種類の果物で楽しむ
- 「決〜めた決めた」（リーダー）「な〜にに決めた」（全員）のかけ合いの合図で動く。
- リーダーが言った果物の子どもが席を移動する。
- 「フルーツバスケット」の合図では、全員が移動する。

事前準備
- 人数分の椅子
- 3色のリボンをつけたヘアゴム（人数分）リボンはほどけないように結び留めておく。
- 遊び方を伝えるボード（ホワイトボードとマグネットなど）

ヘアゴム
赤リボン：イチゴ
黄リボン：バナナ
オレンジリボン：ミカン

時間	環境構成	予想される子どもの活動	実習生の援助・配慮
13:00	（実）子ども	椅子に座って集まる　話を聞く　　イチゴ：赤リボンが動く　バナナ：黄リボンが動く　ミカン：オレンジリボンが動く　フルーツバスケット：全員　　椅子を円く並べる	・これから楽しいことをすることを伝え、子どもたちを集める。・実習生の話が聞きやすいよう、椅子の位置を調整する。・ボードなどを使って、フルーツバスケットの遊び方を伝える（果物とリボンの色や、どんな合図があるか、合図でどう動くかなど）。・椅子を持って移動し、円くなるように伝える。・果物の種類を確認しながら、リボン付きの輪ゴムを配り、手にはめるように伝える。・自分の輪ゴムの色と果物を確認する。
13:10	（実）子ども	フルーツバスケットをする・実習生の合図で、動く（空いている椅子に座る）。	・遊びやすいような広さに、椅子の円を調整する（椅子が近すぎるとぶつかり合いやすい）。〈実習生がリーダー〉・「決めた、決めた」「何に決めた」「イチゴ」のかけ声を確認・練習し、合図を聞きやすいようにする。・今度はどの果物かな……と、期待感をもたせながら進める。

●説明が長くなりがちで…
子どもに伝えるときは、わかりやすく・長くならないようにが基本。すべてを最初に説明するのではなく、やりはじめてから説明を追加していくなど工夫します。
例えば…
①今日はこのリボンを使ってあそぶことを、実物を見せて伝える。
②何色のリボンがあるか確認。
③「みんなには、この果物になってもらいます」と言って、ボードにイチゴ・バナナ・ミカンの絵を描いたものを貼る。
④先生が「イチゴ！」と言ったら、赤いリボンのお友達が動きます……と、同じ色のマグネットを子どもに見立てて動かしながら、ルールを説明する。　など

●メリハリをつけて進行する
子どもの希望を聞いていると収拾がつかなくなるので（この活動では、話し合って決めることを主眼としないので）、並んでいる順にイチゴ・バナナ・ミカン……と、さっさと配ってしまいましょう。

●ピンときてなさそうな子が多かったら…
始める前に、「イチゴさん！」と呼んでその場で立ってもらうなど確認・練習するとよいでしょう。説明のときに使った果物の絵をここでも使用し、見せながら言うのもわかりやすいです。

先輩VOICE　「フルーツバスケット」をしたとき、ルールや約束事を先に決めて伝えたが、それを守るのが難しい子が何人もいて対応が難しかった。（おたま）

Part3 指導案

時間	環境構成	予想される子どもの活動	実習生の援助・配慮
		・自分の果物の合図でも、動かない子どももいる。 ・自分の果物ではないが、隣の子どもにつられて移動してしまう子どももいる。 ・椅子に座れないと、戸惑う子どももいる。	・合図で動かない子どもには、声をかけるなど促す。それでも動かない場合は、「○○ちゃんイチゴは、まだ畑にいるんだね」と、周りの友達の様子を見ていられるようにする（ゲームを進行していく）。 ・ルール通りに動けない場合にも、楽しい雰囲気を大切にして、見守ったり声かけをしたりする。 ・タイミングよく、「フルーツバスケット」と、全員が動く機会をつくっていく。 ・「○○ちゃんと、また隣だね」など、偶然性も楽しめるようにする。 ・しばらくは実習生の合図で遊び、楽しめるようにする。 ・ルールが理解できているか、子どもの動きを見ながら確認する。
13：25		・座れなかった子どもは、真ん中で合図を出す。 ・照れながらも、嬉しそうに合図を出す。 ・なかなか合図を出せない子どももいる。 ・リーダーになりたくて、なかなか座ろうとしない子どもも出てくる。	〈子どもがリーダー〉 ・全員が理解でき、楽しめているようであれば、実習生も仲間になり、座れなかった子どもが合図を出すようにする。 ・なかなか合図が出せない子どもには、「イチゴかな？ ミカンかな？ バナナかな？ それとも……」と声をかける。 ・すばやく座れている子どもを認める言葉かけをする。
13：30		話を聞く 楽しかったことを話す	・最後は、実習生がリーダーとなり、「フルーツバスケット」の合図で全員で動いて終わりにする。 ・子どもが楽しんでいた姿を具体的に伝え、みんなで一緒に遊ぶ楽しさを再確認する。 ・子どもの言葉を受け止め、「また、みんなで遊ぼうね」と、次回に期待をもたせて、終わりにする。

●**椅子に座ったままの子が気になるけど…**
参加できない子の存在は、どうしても気になってしまいますね。しかし、個を見ながらも、実習では全体を進めていかなくてはなりません。

●**タイミングって、いつ？**
イチゴ・バナナ・ミカンを何度か繰り返し、子どもたちが自分の色で動けるようになってきたらにします。

●**トラブルになりそうなときは**
「ずるい！」となったり、「僕が先に座った！」などトラブルになりそうな場面もあるでしょう。4歳児のこの時期は、まだ自分が動くことに集中していて、周りまで見えていません。あまりトラブルの解決のために時間を取らず、「よ～く見てたら、○○君の方が早かったね」と、言ってあげてしまってもよいと思います。

●**思いを代弁してあげる**
まだ自分の思いをすらすらと言葉にすることのできない子どもたちも、「みんないっぱい動いたね」、「次は何が呼ばれるかな～ってドキドキしたね」などと、実習生が思いを代弁することで、楽しかったことが確認でき、「楽しかった」「ドキドキした」「もっとやりたい」といった言葉も個々に出てくるでしょう。思いを発言することに慣れているクラスであれば、「楽しかった？」と聞いただけでどんどん出てくると思います。

先輩VOICE⇒ 「フルーツバスケット」と同じルールで、いつもフルーツでしているからと野菜にして「野菜バスケット」にしてみました。（あ・ら・し）

Let's アレンジ！

①対象年齢を下げるなら…

フルーツバスケットは、2〜3歳児クラスでも十分に楽しむことができるあそびです。
子どもたちの理解度に合わせて、よりわかりやすく、あそびやすくする工夫を考えます。

例えば…**果物を2種類に**
イチゴとミルクにして、「イチゴミルク」の合図で全員が動くといったように、
全員が動く合図を「フルーツバスケット」にしなくても楽しい。

例えば…**自分が何の果物かわかる工夫**
果物のついた「お面」「ペンダント」「ブレスレット」などを人数分
作って、自分が何の果物かを、自分で見てわかるようにする。

 お面

 ペンダント

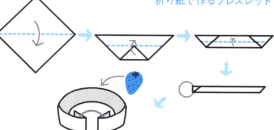 折り紙で作るブレスレット

例えば…**なじみのある名称で**
果物ではなく、生活グループ名を活用。全員が動く合図は、クラス名にする。

例えば…**ルールを緩く**
自分の番じゃないときに動く子どもがいても、OKとする。

②対象年齢を上げるなら…

フルーツバスケットは、いろいろなアレンジがしやすいあそび。
子どもたちの発達に合わせて盛り上がるアレンジを加えることで、
フルーツバスケットに慣れている4歳児・5歳児でも十分に楽しめるでしょう。

例えば…**果物の種類を増やす**
子どもたちが知っている果物を挙げてもらい、果物の種類を増やすと複雑になる。
種類が増えると、「赤い果物！」など、いくつかの種類を指すもので動く楽しさが出る。

例えば…**いろいろな合図の出し方に**
「イチゴとバナナ」
「イチゴ…じゃない果物」
「小さくて、赤くて、おいしい果物」　　など

例えば…**果物ではなく「なんでもバスケット」というルールで行う**
・白い靴下を履いている人！
・朝、パンを食べてきた人！
・自転車に乗ってきた人！
・動物園（遠足で行った）でトラを見た人！　　など

どんな合図にしようか思いつかない子には、「朝、パンとごはんのどっちを食べたか聞いてみる？」など助け船を出していきます。

③室内が使えないときは…

保育室を広く使いにくい状況だったり、
天気がよく戸外で体を動かしたいときなど、
フルーツバスケットは外で行うことも可能です。

例えば…**フープをいす代わりに**
・いすの代わりにフープを円く並べる。
・間隔を広くして、運動量を増やすようにする。

例えば…**フープを使って変形ルールで**
①いろいろな色の大きめなフープを、人数の半数程度あちらこちらに置いておく。
②「リンゴ！」と言ったら赤のフープ、というように、合図の色のフープに入る。
③同じフープに何人入ってもよいことにして、友達とふれあえるようにする。
④リーダーがフープに入れていない子どもにタッチする。
⑤タッチされた子どもがリーダーになり、次の合図を出す。

身体活動・表現⑤ リズムあそび（4歳児10月）

201X年10月XX日（火）　4歳児　ふじ組（計18名）　実習生氏名：

子どもの姿
- 気の合った2〜3人の友達と、それぞれがイメージや自分の思いを出しながら遊びを進めたり、友達と同じ動きをすることを楽しんだりする。
- 運動会を経験して、2人組で並んだり、みんなと一緒に動く楽しさを感じたりして、期待感をもって集まれる。

ねらい
- 歌のリズムに合わせて、体を動かす楽しさを味わう。
- 友達と動きが揃う心地よさを感じる。

内容
「まつぼっくり」の歌に合わせて、様々な動きを楽しむ
- 歌の「さ」の部分で、友達と動きが合う楽しさを感じる。
- テンポや動きを変えて楽しむ。
- 次はこうやってみようと、遊び方を考えたり工夫したりする。

事前準備
- 「まつぼっくり」の歌を、当日までのいろいろな場面で歌い、親しませておく。
- 二人組になる遊びに親しませておく。
（げんこつ山のたぬきさん・せっせっせ・なべなべそこぬけ　など）
- まつぼっくり数個

時間	環境構成	予想される子どもの活動	実習生の援助・配慮
10：30	（実）○○○の図	集まる 実習生の話を聞く	・これから楽しいことをすることを伝え、子どもを集める。 ・「これ見たことある？」と、まつぼっくりの実物を見せ、園の近くの公園で拾ったことなどを話し、興味がもてるようにする。
10：40		「まつぼっくり」の歌を手拍子をしながら歌う 「さ」の部分は膝をたたいて歌う 2列に並び、向かい合った友達と2人組になる ・2人組になった友達と手をつなぎ、うれしそうにする。 ・特定の友達と手をつなぎたがる子どももいる。	〈実習生とみんなで〉 ・「まつぼっくり」の歌を手拍子しながら歌う。 ・歌詞の中に4回ある「さ」の部分を意識できるよう、声を大きくしたり、表情をつけたりする。 ・「さ」の部分で膝をたたくことを実演し、みんなもやってみようと誘う。 〈友達同士で〉 ・2列（運動会での並び順を活用）に並んで、2人組で手をつなぐ。その友達と向かい合う。 ・奇数の場合は、実習生とペアになる。特定の友達とやりたがる場合は、次回にはそうしようと伝え、ペア作りで時間を取られないようにする。

向かい合う

●当日までに歌や手あそびをする機会がなかったら…？

いきなりアレンジから始めると、子どもたちはついてこられません。「まつぼっくり」の歌が覚えられるまでは2人組にならず、しばらく実習生と一緒に楽しんだり、2人組で簡単にできる手あそび（げんこつやまのたぬきなど）を数回行ってから始めるとよいでしょう。

●「隣の人とペアになって〜」は、避けておく

子どもたちに任せると、「○○ちゃんがいい」「いやだ」など、ペアを作ることに時間がかかり、目的のあそびに集中できなくなる可能性があります。そのあたりの葛藤をねらいに含むような活動であれば別ですが、そうでなければ、すでに決まっているペアでやる方がよいでしょう。

先輩VOICE➡「くいしんぼうゴリラ」の手あそびは、おならやおたねのところで子どもたちがおもしろがっていた。「ほかの食べ物もやってー！」と、声があがった。（はらぺこ）

時間	環境構成	予想される子どもの活動	実習生の援助・配慮
		・「さ」の部分は、2人で両手を合わせる。	・「さ」の部分で、2人の手を合わせることを伝え、「うまく合わさると、いい音が出るかな？」と、友達と2人で動きが揃うことを意識させる。 ・慣れてきたら、手を合わせる位置を高い位置にしたり、低い位置にしたりなど変化をつけ、楽しめるようにする。
11：00		話を聞く 自分の思いを伝える 友達の話を聞く	・楽しんでいた子どもの姿を話し、みんなで一緒に遊ぶことの楽しさを再確認する。 ・他には、どんなことができるか問いかける。 ・また、みんなの考えた動きで楽しみましょうと、次の機会への期待感を高めながら、活動を終わりにする。

> ●子どもたちのアイディアも取り入れながら
>
> 「今度はできるだけ高いところで手を合わせるよ～」などと言って、繰り返し曲を楽しみます。短い曲なので、時間内に何度もできると思います。自己主張いっぱいの4歳児です。子どもたちの提案をいっぱい受け止めてください。

先輩VOICE すっかりピアノを弾くことを忘れていて、楽譜なしでピアノを弾きました。少し間違えてしまいましたが、その分笑顔で子どもたちと歌い、ただ弾くだけではなく子どもたちと楽しく歌うことが大切だと思いました。（おはな）

👀 Let's アレンジ！

①短時間で、もっと簡単にやるなら…

秋にぴったりの「まつぼっくり」は、素朴なメロディーが親しみやすく、さまざまな場面で使える歌です。
子ども同士で2人組にならずに、実習生と子どもたちの組み合わせであそぶことで、より短時間で楽しむことができます。
子どもと子どもとで動きを合わせるよりも簡単になるので、3歳児でも楽しく参加できるでしょう。

例えば…「さ」の部分で膝をたたくリズムをみんなでした後、実習生と一緒にいろいろな動きを考え、みんなで歌う

「さ」の部分で、あかんべーやおもしろい顔をする。

「さ」の部分は、声を出さないように、手で口を押さえる。

「さ」の部分は、（2人で）右手グー、左手パーで前に出す。　　など

②もう少し複雑な集団の動きに挑戦

指導案では、2人組になって、友達と動きを合わせる楽しさが感じられることをねらいとしていましたが、
5歳児クラスでやるときなどには、さらに、クラスみんなの呼吸を合わせることに挑戦してみてはどうでしょう。

●フォークダンス風に
ぐるぐると回っていくので、いろいろな子ども同士のふれあいが生まれます。
タイミングよく隣に移動しなくてはならないので、みんなで呼吸を合わせる楽しさがあります。

①2人組向かい合わせの二重円になる。
②「さ」の部分で、2人の両手を合わせる。
③次のフレーズで、外側の円の子どもだけ移動し、
　「さ」の部分で隣の子どもと両手を合わせる。
④繰り返しながら、いろいろな友達とのふれあいを楽しむ。

先輩VOICE➡ 手あそびを始める際はいきなり始めず、前置き（手をこうしてね）が必要だと学んだ。（くま）

●外あそびの時間に

進んだり戻ったりするので、みんなで同じ動きをしないとうまく進まず、そこがまた楽しいでしょう。
思いっきりぶつかると危ないので、ルールがわかって動ける年齢でやりましょう。

①円を6分割したものを地面に描く。
②歌いながら次のスペースに移り、「さ」の部分で、1マス戻る。

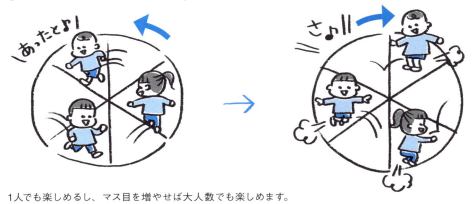

1人でも楽しめるし、マス目を増やせば大人数でも楽しめます。

③季節のものを取り入れて

歌に合わせて、お手玉などをリレーしていくあそびです。拾ったまつぼっくりを使うと、季節感もたっぷりです。
数を増やしていくと難しくなり、できたときには、みんなで達成感が味わえます。
まつぼっくりを拾いに行った後などにあそんでみるのもいいですね。

①数人で円になって座る。
②両手の手のひらをお皿のようにする。
③スタートの人が右手にまつぼっくりを持ち、「さ」の部分で、隣の人の左手のお皿に載せる。
④歌いながら、まつぼっくりを隣に移していく。
⑤それが楽しめるようになったら、まつぼっくりの数を増やしていく。

先輩VOICE⇨　4歳クラスで、「タンバリンうちわ」を作ってみた。夏に向けたものと楽器を組み合わせたものを作りたくてオリジナルで考えてみた。ふだん玩具のような製作はしないので、子どもは喜んでくれた。（宇宙）

身体活動・表現⑥ しっぽとり（5歳児6月）

201X年6月XX日（木）　5歳児　ほし組（計24名）　実習生氏名：

子どもの姿
- 友達の様子をよく見ていて、楽しそうなことやいいと思うことを自分も真似たり、挑戦したりする。
- ルールのある遊びをしたり学級のみんなと一緒に動いたりする中で、自分の力を出したり、学級のつながりを感じ取ったりすることを楽しむ。

ねらい
- 体を十分に動かして遊ぶことを楽しむ。
- チーム対抗で遊ぶ中で、友達とのつながりを感じる。

内容
しっぽとりをする
- 2チームに分かれる。
- しっぽをつけ、相手チームのしっぽを取り合う。
- 取られたら陣地に戻り、予備のしっぽをつけ、ゲームを続ける。
- しっぽが多いチームの勝ち。

事前準備
- カラー綿テープ（2.5cm幅35cm）を人数分×2本
- しっぽ入れ（かご）を2個
- 走る距離を考えて、2チームの陣地を園庭に描いておく

時間	環境構成	予想される子どもの活動	実習生の援助・配慮
10:30	（実）	集まる ルールの説明を聞く 2人組でじゃんけんをする ・勝ったら色、負けたら白の帽子をかぶる。 ・しっぽをつける。	・これから楽しいことをすることを伝え、子どもたちを集める。 ・黒板に図を書くなどしながら、ルールを伝える（しっぽを取られたときの動き・陣地内ではしっぽを取らない・予備のしっぽもない場合は自分の陣地の中で座って応援するなど）。 ・じゃんけんで2チームに分かれる方法を伝える。 ・全員がじゃんけんできたか確認する。 ・しっぽのつけ方を友達同士で確認し合えるよう言葉かけをして、短すぎたり、洋服で隠れたりしていないようにする。
10:40	青帽子チーム しっぽ入れ 白帽子チーム	園庭に出る しっぽとりをする ・相手のしっぽを取る。 ・逃げる。 ・しっぽを取られたら陣地に戻り、予備のしっぽをつける。 ・しっぽを取ったら自分のチームのしっぽ入れに入れる。	〈第1回戦〉 ・両陣地の真ん中に立ち、「しっぽとりドーン」と、全員に浸透できるよう、大きな声で合図する。 ・一人一人の子どもの動きを言葉に出し、力いっぱい走ったり、機敏に動いたりなど、体を動かすことが意識できるようにする。 ・取られてがっかりしている子どもには、悔しさに共感したり、しっぽをつけてまたゲームに戻って頑張れるよう言葉かけをしたりする。

● **ルールは、クラスの育ちに合わせて調節！**

よりゲーム性が増し、盛り上がるルールです。時間内に終わらせる自信がないときや、ルールのある集団あそびに慣れていないクラスであれば、このルールを省いて行うのもよいでしょう。

● **みんな理解してくれたか不安です…**

5歳児であれば、このような説明も興味をもって聞いてくれ、いろいろな経験からも、だいたい理解してくれるでしょう。中には、イメージしづらい子もいるので、園庭に出てからも場の確認をするとスムーズです。

● **言葉にして認めてもらうことの力は大きい！**

言葉にされることで「そうか、力いっぱい逃げたから、しっぽが取られなかったんだな」などと意識できるほか、自分を見てもらえているという喜びにもつながります。

先輩VOICE 「しっぽとりゲーム」をしたとき、いっぱい走れるようにコートを広くしたが、1人で見るのが大変だった。子どもの体力を考え、1試合の時間を決めておくべきだった。（くましゃん）

Part3 指導案

時間	環境構成	予想される子どもの活動	実習生の援助・配慮
10:50		勝敗を聞く ・各チームのしっぽを集めて数を数える。 ・勝敗を聞いて、喜んだり、悔しがったりする。	・子どもの疲れ具合を見て、第1回戦を終わりにする（5分～8分程度）。しっぽが多くあるチームの勝ち。
10:55		作戦会議をする ・しっぽの取り方や、どうしたらしっぽを取られにくいかなど、自分なりの考えを言葉に出す。 ・友達の話に耳を傾ける。 ・「えいえいおー」と気合いを入れる。	〈作戦タイム〉 ・チームでどうしたらしっぽを取れるか、どうしたらしっぽを取られないかなど、相談できる時間を確保する。 ・各陣地で集まって相談できるよう投げかける。 ・それぞれが自分の思いを言葉に出していけるよう、関わっていく。 ・天候によっては、水分を補給できるよう声をかける。
11:00		第2回戦をする ・残りのしっぽを2チームに分ける。 ・1回戦よりも、機敏に動く。 ・しっぽを取られたら、すぐに陣地に戻り、しっぽをつけゲームに戻っていく子どもが多く見られる。	〈第2回戦〉 ・第1回戦より、逃げ方がうまくなったり、すばやく取れるようになったりしていることを、声に出して伝えていく。 ・子どもの疲れ具合や、しっぽの残り具合などを捉え、「残り20秒・10・9・8」とカウントダウンすることで、終わりの見通しをもたせ、力を出しきれるようにする。
11:10		勝敗を聞く ・自分の思いや考えを伝える。 ・友達の話を聞く。	・それぞれのチームのよかったところ、頑張ったところを伝える。 ・楽しかったこと、困ったことなどを子どもたちに問いかける。 ・次にやるときはこうしていこうと話し、次への期待感を膨らませて活動を終わる。
11:20		保育室に戻る	

●5歳児の話し合いを体験してみよう

5歳児ともなると、自分たちで意見を出し合い、話し合う姿が見られるようになります。ここでは、そこまで深い話は出てこないかもしれませんが、5歳児たちがどんなことを話すのか、よく聞いてみましょう。どちらかのチームに偏らないよう両チームを見るようにして、子どもたちの気づきや考えを言葉にして認めていきます。

●思いを引き出すかかわりって…？

例えば、「○○ちゃん、さっき、最後までしっぽ取られてなかったね。どうやって逃げたの？ 最初にあっちに逃げたの？ そうか、向こうのチームがいないほうに逃げたんだね」など、発言していない子に話しかけたりすることで、話し合いに参加できるようにしたり、作戦のヒントを出したりしていきます。

●これらの経験から育まれるもの

自分の思いを相手に伝える経験、また、相手の話に耳を傾けるという経験の積み重ねは、5歳児にとって、とても大切です。また、友達のよさに気づいたり、友達から認めてもらったりする機会にもなります。こうしたことが協同的な学びにつながります。

先輩VOICE 予想される子どもたちの姿を細かい部分まで考えたつもりだったが、予想しきれなかった行動を子どもがしたときに対応しきれなかった。（ムーン）

column

ルールのあるあそびの特性を考えてみよう!

紙面上で、いくら綿密に計画を立てていても、子どもたちの姿(実態)とズレがあって、
簡単すぎたり難しすぎたりしたら、楽しい活動にはなりません。
同じあそびであっても、発達や理解度に応じてアレンジすることで、一人一人が楽しさを味わえるようになります。
目の前にいる子どもたちと重ね合わせ、一人一人が夢中になってあそぶ姿を思い描いてみましょう。

●ドッジボール

投げる・捕る・逃げるといった動きを伴うゲームです。ボールの扱い方にはかなりの個人差があります。また、当たったら外野のままだったり、外野から当てたら内野に戻れたり、顔に当たったらセーフにするのか……など、ルールを作ったり、変更したり、確認したりなど子どもと作り上げていく過程も重要です。また、実態に応じて、ボールの大きさや硬さなども考える必要があります。幼児期では、たくさんボールにふれ、いろいろな動きを楽しむこと、転がしドッジや中当てなどで、単純なルールを守りながら、投げたり逃げたりの動きを楽しみ、体を機敏に動かすことをたっぷりと経験させたいです。

●こおり鬼、バナナ鬼

これらの鬼ごっこは、全員がルールを守ってあそべることが前提となります(捕まっても勝手に動きだしてしまう子がいると、成立しない)。また、全員を捕まえることはなかなか大変なので、鬼交代が行われにくいです。5歳児、10人前後が楽しみやすいでしょう。大人数で行う場合や限られた子が鬼を継続しがちな場合は、鬼の人数を増やします。全員の様子が見渡せるような広い場所であそぶのが適しています。。

●色鬼

色の語彙(ごい)が少ないと楽しめません。また、その場所に色がどれだけあるのかも重要です。いろいろな花が咲いている園庭やカラフルな遊具がある場であれば楽しめますね。2～3歳児で行う場合は、3色ほどのフープを用意して、中に入るというルールで行ってもよいでしょう。

● ハンカチ落とし

鬼だけが動いている時間が長いので、大勢で行うと楽しみにくいです。5名～8名程度が適切でしょう。鬼は、誰の後ろに落としたのかを気づかれないようにしたり、落とすまねをしたり、また、鬼が落としているところを見ても知らないふりをしたりします。低年齢児だと、このスリル感を楽しむのは難しいでしょう。

● はないちもんめ

お互いの名前を知っていることが前提です。異年齢で行う場合などは、自己紹介をしてから始めるとよいでしょう。歌のやり取りなので、保育者が2人いるとあそび方が浸透しやすいです。同じ子ばかりが欲しがられることもありがちですから、名前を呼んでもらえない子への配慮も必要です。また、手をつないで動くので、転ばないように気をつけましょう。

● いす取りゲーム

低年齢で行う場合、座れないと泣きだしたり、ゲームに集中できなくなったりすることも多いです。いすを減らさずに、1回休みのルールで復活できるようにしたり、動物に変身しながら移動したりなど、チャンピオンになること以外の楽しさもプラスしていくとよいでしょう。5歳児くらいになると、チャンピオンを決める一般的なルールでも楽しめるようになります。

● じゃんけん列車

じゃんけんができること・負けてもがまんできることが前提です。長くつながって動くので、周りの動きに応じた動きができないと安全に遊べません。一方で、長ければ長いほど、楽しさも増します。園全体で（低年齢児にも配慮しながら）行うと、み～んながつながったねという一体感を味わえます。

● へびじゃんけん

相手とタイミングを合わせてじゃんけんができたり、じゃんけんの勝敗によって素早く行動に移せたりすることでスピード感がアップします。また、自分の勝敗だけでなく、チームとしての勝敗を喜んだり、くやしがったりできることも必要です。4歳児後半以降になると楽しめます。

絵本・シアター① くだものの絵本（0歳児2月）

201X年2月XX日（金）　0歳児　みるく組（計9名）　実習生氏名：

子どもの姿
- お座りは全員が安定している。自在に歩き回る子もいれば、まだ歩行が安定しない子もいる。
- 「まんま」など簡単な言葉を話したり、「バイバイ」など言葉を理解して、手を振ったりする。
- つまむ、ひっぱるなど、手や指を使って遊んでいる子どもが多い。
- 人見知りをして、実習生に対して泣いたり、避けたりする子どももいる。

ねらい
絵本を通して、実習生とのやり取りを楽しむ。

内容
実習生の読む絵本『くだものさん』を見る。

事前準備
- 絵本『くだものさん』
- 果物や食べ物が載っている絵本

時間	環境構成	予想される子どもの活動	実習生の援助・配慮
10:30	・果物や食べ物が載っている絵本を子どもの手が届かない場所に置く。 ・興味をもった子どもたちが集まってきても狭くない場所に座る。	・実習生が持っている絵本に興味をもって集まってくる。 ・他の遊びをしている子どももいる。 ・歌遊び「どこでしょう」を聞く。 ・自分の名前が呼ばれると反応する。 ・実習生の読む絵本『くだものさん』を見る。 ・絵本に出てくるくだものを指さしたり、「まんま」と言ったりする。 ・実習生を真似て、くだものの絵を食べる真似をしたり、食べさせてもらうしぐさに合わせて口を開けたりして遊ぶことを楽しむ。	・歌遊びと絵本を読むことを子どもたちに呼びかける。 ・歌遊びをする。 ・子どもたちが集まりやすい場所に座り、一人一人の子どもの名前が出てくる「どこでしょう」を歌う。 ・絵本『くだものさん』を読む。 ・子どもの顔を見ながら、ゆっくりと読む。 ・子どもが声を出したり、指をさしたりしたときには、顔を見てうなずいたり、「りんごだね。あったね」と応えたりする。 ・絵本を読んでいるときに子どもが立ち上がって近くに来たときには、近くで見たい気持ちを受け止めて、実習生のそばに座るように促す。 ・読み終えたら、くだものの絵を開いて「あ〜ん」と食べる真似をしたり、「さあ、どうぞ」と子どもの口にくだものを運ぶしぐさをしたりして、やり取り遊びが楽しめるようにする。

出典：『くだものさん』tupera tupera・作　学研プラス　2010年

先輩VOICE 絵本の読み聞かせのとき、読むことに一生懸命になってしまい、感情を入れることや、子どもたちの表情を見ることができなかったので、もう少し緊張しないよう読む練習をしようと思いました。（ゆうちゃん）

●月齢によってさまざまな姿をどう書けば？
乳児クラスでは、高月齢の子、低月齢の子で、姿は大きく変わりますね。基本的には、自分の理解につながれば、どのように書いてもよいと思います。もし困ったら「座位が保てる」、「歩行ができる」といった体の発達、「ボールを出し入れする」「ひもを引っ張るあそびをしている」など手指の発達やどのくらい言葉が出ているかといったいくつかの側面から書いてみるとよいでしょう。個人差を踏まえた計画になっているかどうか、考えてみることが大事です。

●赤ちゃん向けのものは小さいのが多くて…
たしかに赤ちゃん向けの絵本は小さいものが多いですよね。そのようなときには、絵の大きいものや色のはっきりしているものを選ぶようにしましょう。8場面の紙芝居でも楽しめると思います。

●集まる場所の目印に
いつも先生方はどの位置で絵本を読んでいるのか注目していると、自分が読むときに参考になります。絵本を読むときには、部屋にあるマットやござなどを持ってきて置いたりして、座る場所がわかるようにすると、子どもたちを待たせることなく、絵本を読む活動を始めることができます。

Part3 指導案

時間	環境構成	予想される子どもの活動	実習生の援助・配慮
	・食べ物が載っている絵本を子どもの手の届くところに置く。	・実習生と絵本を引き続き見る子ども、自分で絵本をめくって見る子ども、他の遊びに向かう子どもがいる。 ・読んでほしい本を持ってくる。 ・他の子どもが持っている絵本に興味をもち、取ろうとする。	・果物や食べ物が載っている絵本が他にもあることを伝える。 ・子どもが好きな場所で、自分なりにめくるなど、絵本を見たりしているときには見守る。 ・指さしをしたり、「あ〜ん」と声を出したりしているときには応える。 ・他の子どもが持っている絵本に興味をもって、絵本を欲しがったときには、先に読んでいた子どもに一緒に見てもよいか確認して、実習生も一緒に見る。一人で見たがるときには、借りたい子どもに別の絵本を提案する。 ・他の遊びにいこうとする子どもがいたら、無理に引き留めず先生方に伝える。
10:50	・絵本の片付けをする。		

● **たくさんの子どもが絵本を持ってきたら？**

別々の絵本を読むことはできないので、一緒に読んでいた子どもに「○○ちゃんも一緒に見たいなって来たよ」と状況を伝えて、先に読んでいた子どもの反応次第で「一緒」か「別々」か対応を考えてみましょう。

● **絵本の取り合いになったらどうすれば…？**

1冊の絵本を複数の子どもが欲しがることもあると思います。それは絵本が欲しい、絵本を見てみたいという興味をもってくれたということなのですが、取り合いになると実習生としてはどうしてよいか困りますよね。
ほかの子どもをたたくなど、けがにつながりそうなときには、子どもの体を抱っこして距離を離します。抱っこしたり、背中をなでたりしながら、「絵本が欲しかったね」としたかったことに共感しながら、「くだものの絵本あるかな」とほかの絵本を一緒に探します。こんなときのためにも、同じ絵本や似たモチーフの絵本を用意しておき、「こんな絵本もあるよ。読んでみる？」と誘ってみましょう。

先輩VOICE⇨ 読み聞かせは、子どもの様子、反応を見ながら、確認しながら行うこと！ 思っているより、ひとつふたつ声のトーンを上げて大きな声で行うこと！（あられちゃん）

絵本・シアター② トイレから絵本まで（2歳児6月）

201X年6月XX日（木）　2歳児　いちご組（計12名）　実習生氏名：

子どもの姿
- 周囲の友達に関心を向けながら、保育者と関わり遊ぶ姿が見られる。
- 登園時に保護者と離れる際に不安で泣く子どもが見られる。
- リズム遊びや歌に興味をもっている子どもが多く見られる。
- 排泄や手洗いなどの基本的な生活習慣について細やかな援助が必要である。

ねらい
- 実習生や友達と一緒に表現することを楽しむ。
- 簡単な物語に関心をもち、友達と一緒にお話を楽しむ。

内容
- 実習生や友達と一緒に手遊びを楽しむ。
- 友達と一緒に絵本を見ることを楽しむ。

事前準備
- 手遊び（グーチョキパー）の事前練習。
- 手遊び（グーチョキパー）基本形と異なるレパートリーの準備。
- 絵本『しろくまちゃんのほっとけーき』を事前に下読みをしておく。

時間	環境構成	予想される子どもの活動	実習生の援助・配慮
10:00	小便器／水道／大便器（実）	○排泄、手洗い ・トイレで排泄をする。 ・手洗いをする。	・一人で排泄がうまくできない子どもに対して、援助をする。 ・排泄後に着衣できない子どもには、一人一人の状況に合わせて援助を行う。 ・排泄後に手洗いすることを促す。 ・手洗いの際に遊び始めないように見守り、遊び始めた子どもに対して、次の活動へ促すように声をかける。
10:10	黒板／ロッカー／棚／テラス（実）	○手遊び「グーチョキパー」 ・子どもたちが実習生の近くに集まり、座る。 ・「グーチョキパー」の手遊びを楽しむ。	・興味をもって取り組めるよう、月齢に合わせた手遊びの活動になるよう配慮する。 ・子どもたちに集まる場がわかるように、早く排泄、手洗いが済んだ子どもたちと一緒に集まる場で手遊びを始める。 ・排泄、手洗いは一人一人ペースが異なるため、全員が自然に集まれるように楽しい雰囲気になるよう配慮する。 ・できるだけ全員で楽しめるように配慮する。
10:15		○絵本『しろくまちゃんのほっとけーき』 ・絵本を見るために座る。 ・絵本を見る。	・子どもたちに絵本が見えやすい場に座るように声をかける。 ・子どもたちから絵本が見えるか確認をして、絵本を読み始める。 ・見えない子がいたら、椅子を用意する。
10:20			・担当保育者に引き継ぐ。

●「ジブンデ」が出てくる2歳児
子どものやりたい気持ちを大切にしつつも、衛生面で問題のないように援助します。排せつ後のパンツのはき方は、園によってやり方があるので、それにならいます。

●月齢に合った手あそびにするには
日頃、先生たちがどのような手あそびをして子どもと楽しんでいるのかよく観察してみましょう。歌のスピード、手指の動き、歌の長さなどいくつかの視点で見て、発達に合っているか考えてみましょう。

●みんなが来るまでに時間が…
排せつや手洗いが終わっていない子たちを気にしながらも、早く来た子たちが個々にあそびだしてしまわないように全体を進めます。楽しいことが始まれば、急いで来る子もいます。最後に来た子も、何回かはできるようにするといいですね。

●チョキができないみたい…
チョキは大体の子どもは3歳になってきちんとできるようになってきますから、2歳児ではまだうまく作れない子もいるでしょう。チョキができていなくてもかまいませんし、もちろんほかの手あそびに変えてもよいでしょう。園での経験や方針にもよりますので、気になる部分は担当の先生に相談していくことが大切です。

出典：『しろくまちゃんのほっとけーき』わかやまけん作　こぐま社　1972年

先輩VOICE⇒ 手あそびを2回やる機会があったが、1回目は自信がなかったせいでうまくいかず、2回目は先生のお手本を見てからハキハキ楽しそうにやったらうまくいった。（はこな）

Let's アレンジ！

Part 3
指導案

①手あそび、ほかには…

同じ手あそびで楽しむにしても、「速さ」「強さ」「（声の）大きさ」「（表現の）大きさ」などを変えることで、何十通りもの面白さを楽しむことができます。目の前の子どもに合わせて、興味を膨らませるアレンジを考えてみましょう。

例えば…
「ひげじいさん」
両手が「グー」のみで何かを表現する構成になっていますので、「グーチョキパー」や「はじまるよ」の手あそびよりも簡単です。いろいろなアレンジが考え出されていますので、事前に調べて習得されることをお勧めします。

②絵本を読んで、時間が余ったら…

絵本の選定をする際は、下読みをして、楽しいところやおもしろいところがどこであるのか実感しながら確認することが大切です。緊張して速く読んでしまった結果、与えられた時間が余ってしまうことも最初のうちはあるかもしれません。そんなときの対応策をご紹介します。

余韻を楽しむ

絵本の読み聞かせの後には余韻を大切にしたいもの。1回読んで時間があったら、今度は読まずに、絵本のページをゆっくり1ページずつめくっていきます。子どもたちは、じっと見入ったり、出てきたものの名前を言ったり、その子なりの余韻を楽しむことができます。その後に、「しろくまちゃん、かわいかったね」とか「ホットケーキ、みんなも食べてみる？」と、ホットケーキの絵のページを開いてみんなで食べるまねをしてみるなど、絵本の世界を壊さない程度にお話を膨らませ、子どもたちとコミュニケーションを取ってみてもよいでしょう。

手あそびをして楽しむ

読んだ絵本の内容に関係するような手あそびで楽しむと、子どもたちの興味が大きく膨らむことでしょう。例えば、「くま」や「ホットケーキ」が出てくるように、既存の手あそびのアレンジを実習前に友達と考えておくと便利かもしれません。現場の先生方も、実習生の工夫のきいた手あそびを楽しみにしています。

先輩VOICE➡「パン」の手あそびは段々パンがなくなって静かになるあそびなので、絵本につなげやすかった。（ぽぽんた）

絵本・シアター③ 参加型絵本（3歳児9月）

201X年9月XX日（水）　3歳児　さくら組（計15名）　実習生氏名：

子どもの姿
- 好きな遊びを繰り返し楽しむ子どもがいる。
- みんなですることにいろいろと参加する姿が見られる。
- 「使っているよ」や「やだ」など、自分なりの表現方法で思いを伝える子どもがいる。
- 保育者と遊ぶことが楽しいと感じ、真似てみようとする子どもがいる。
- 友達が遊んでいる姿をじっと見ている子どもがいる。
- 友達がしていることを真似て同じことをしたり、一緒にやってみようとしたりする。
- 好きな遊びをする中で、自分なりに思いを伝えようとする。

ねらい
- みんなでする活動に喜んで参加する。
- 物語の世界や面白さをみんなで味わう。

内容
- 帰りの会に参加する。
- 手遊びをする。
- 繰り返しの部分を一緒に言ったり、一緒に数えたりして絵本に参加しようとする。

事前準備
- 絵本『もりのおふろ』
- ござや椅子など座れるもの

時間	環境構成	予想される子どもの活動	実習生の援助・配慮
13：30	実習生に向かい合って半円で座る。保育者と子どもの距離があまり遠すぎずに見える位置にする。※後から来た子も座れるように椅子を並べておく。	降園準備を終えて、集まってくる。 実習生の方を向いて座り、一緒に歌いながら同じ動きをする。 ・徐々に全員が集まってくる。 ・何回か行いながら待っている。 全員が集まる。 みんなでもう一回やる。	・降園準備では、一人一人の子どもたちが忘れ物がないようにし、必要に応じて声をかけたり手伝ったりする。 ・すべて手伝うのでなく、「やってほしい」ことを自分から伝えられるように促していく。 ・手遊びを始めながら集まれるようにし、全員集まってからも1回行い、皆で同じ動きをする心地よさを感じられるようにする。 ・絵本の位置が子どもにとって見やすい位置になるようにする。
13：35		絵本『もりのおふろ』 ・絵本の世界に魅入っている子どもがいる。 ・少しざわざわしている子どもいる。 ・「ごしごし しゅっしゅ」や「せなかをあらってもらえませんか」「いいですよ」などと繰り返しの言葉を実習生と一緒に言う子もいる。 ・次々に登場人物が出てくるところに興味をもち楽しんでいる。 ・もう1回見たいという子もいる。	・ゆっくりと雰囲気が伝わるようにして絵本の世界観を大切にする。 ・「ごしごし しゅっしゅ」等の繰り返しの部分では、ゆっくりと間を空けることによって子どもたちが一緒に読んでいる感じになるように声の調子を合わせたり、入ってきた動物を子どもたちと一緒に数えたりしながら進める。 ・「つぎにワニがやってきました」など次々に出てくるところに興味をもち楽しんでいるので、出てきかたを声色やジェスチャーなどで工夫する。

出典：『もりのおふろ』西村敏雄作・絵　福音館書店　2008年

●何か敷くのはどうして？
マットやござがあると、ここに座るんだよ、ということがわかりやすいでしょう。絵本が見やすい位置を一人一人に伝えなくても子ども自身がわかりますし、みんなでマットやござに座ることで一体感も抱けます。遅れて集まってくる子たちにも絵本がよく見えるよう、この案では椅子も用意しています。

●手あそびは、どのくらいやる？
3歳児クラスは子どもたちの成長や発達の個人差も大きく、集まる時間に幅が生まれやすいです。何回か繰り返し行い、声をかけつつ、集まってくるのを待ちます。最初に来た子どもが楽しい気持ちで待つことができるように、「次は何にする？」と会話をしながら手遊びをするなど工夫しましょう。

●ここに興味をもってほしい！というポイントを
この指導案では、「繰り返しの言葉や展開を一緒に楽しんでほしい」「次々に出てくる登場人物に注目してほしい」という実習生のねらいが書かれています。もしかすると、この通りにはいかず、思いもよらぬところに子どもたちが反応するかもしれませんが、それも実習の学びです。

先輩VOICE　「はじまるよ」の手あそび、自分が知っているのと子どもたちが知っているのと少し歌詞が違ったので、園で行っている歌詞で行いました。自分が楽しいと思って笑顔で行うことが大切だと感じました。（あいちゃん）

時間	環境構成	予想される子どもの活動	実習生の援助・配慮
13:50		・今日楽しかったことの話を聞いて、自分なりに話したり、友達や実習生に話したりする。	・今日の楽しかったことの話をする。 ・今日楽しそうに遊んでいたことやあったことなどを実習生から話し始めることで子どもたち自身の発言を促したり、今日一日の楽しかった雰囲気やイメージを明日へつなげられるようにする。 ・帰りの挨拶をする。

Let's アレンジ！

ごっこあそびに発展させるなら…

3歳児クラスでごっこあそびをするときには、「やってみたい」という気持ちやあそびがイメージしやすくなるように、視覚的にわかりやすい工夫をしてみるとよいでしょう。

●ビニールテープでお風呂を作って
実際にお風呂の形にビニールテープ等で囲って、絵本を読みながら実際におふろの中に入ったりして動きます。ナレーターと演じる人のごっこになります。
何回も登場する、いろいろな役をやる、見ているだけ……などそれぞれの参加の仕方を保障しましょう。

●大きさ入れるかなゲーム
おふろの中の部分にどれくらい入れるのかを試してみても、楽しいでしょう。囲まれたスペースの中に入ることで、「ぎゅっとお友達とくっついて楽しいね」と、一緒で楽しい気持ちやうれしさが感じられるように声をかけてみましょう。

Let's アレンジ！

活発に参加してほしいときは、クイズ形式で

絵本を何度か読んでいてさらに参加型の活動にしたいときは、クイズ形式もおすすめです。

次の動物がやってくるところを鳴き声クイズやジェスチャークイズにすると、どの子も参加しやすく、発言も出やすいです。人数が多い場合にも向いています。
物語の基本パターンの登場人物に加えて、自分たちで考えたものなども入れると、バリエーションが出て盛り上がります。

「次々に〜」が楽しめる絵本、ほかにも…
・『ガンピーさんのふなあそび』
・『おおきなかぶ』
・『てぶくろ』
・『三びきのやぎのがらがらどん』　　など

先輩VOICE　お漏らししてしまった子の対処のため、先生に間をつなぐように言われ、その場でアレンジを加えながら手あそびを行った。突然だったので最初は戸惑ってしまった。(三輪車)

絵本・シアター④ 歌のパネルシアター（4歳児6月）

201X年6月XX日（月）　4歳児　ほし組（計25名）　実習生氏名：

子どもの姿
- 登園してすぐに友達を誘い、虫探しやごっこ遊び、廃材製作など、自分の好きな遊びを見つけて楽しんでいる。
- 手遊びや歌を歌うことは大好きなようで、喜んで取り組む。また、歌いながら顔を見合わせるなど、友達とともに活動する楽しさを感じている様子が見られる。
- お化けや架空の人物など想像したことを話して楽しんでいる姿が見られる。
- 保育者の話を喜んで聞くが、途中で飽きて隣の子とふざけ出してしまう子もいる。
- 5月から始まった当番活動（朝の会、昼食、お帰りの会の挨拶）を行うことを楽しみにし、張り切って取り組んでいる子どもが多い。

ねらい
- 本日の活動に期待をもって一日をスタートする。
- 新しい歌に関心をもち、実習生や友達と一緒に歌うことを楽しむ。
- みんなで声を合わせる楽しさを味わう。

内容
- 活動に興味をもちながら実習生の話を聞く。
- パネルシアターを見ながら新しい歌「ぼくのミックスジュース」を歌う。

事前準備
- パネル台
- 机1台
- 1番の歌詞の絵人形　①おはようと挨拶する子ども、②お日様、③怖い夢、④笑顔、⑤ミキサー（表）ミックスジュース（裏）
- 2番の歌詞の絵人形　⑥友達と音符、⑦青空、⑧泣き顔
- 3番の歌詞の絵人形　⑨お話、⑩お風呂、⑪膝小僧の擦り傷、⑫ベッドに眠る子どもと夢

時間	環境構成	予想される子どもの活動	実習生の援助・配慮
10:35	保育室（ピアノ・パネル台（実）・ロッカー・出入口） ・パネル台の後ろに机を置き、絵人形を登場する順に並べる。	○朝の会に引き続き、楽しいことがあると聞いて、実習生の周りに集まる ○実習生の話を聞く ・思い思いにジュースの話や好きなジュースについて話をする。 ○パネルシアターを見る	・子どもが関心をもてるように、ジュースについての話をし、子どもにも問いかける。 ・子どもの答えを受け止めながらも、話が長くならないように短い言葉で応えるようにする。 ・パネルが見えるか確認し、見えにくいときは見える位置に移動するように声をかける。 ・パネルを触ろうとする子どもがいた場合は、「今はお話中だから触らないでね」と声かけをしていく。 ・実習生が作った歌詞に沿った話をパネルシアターで演じる。

●関心をもってもらうには？
自分でも理解できる話、身近に感じる話なら、子どもたちは関心をもって聞いてくれます。「先生、いつもお弁当のときにはお茶を飲んでいるけれど、本当は……ジュースが大好きなんだ！」と、子どもたちも共感できる告白をしてみたり、「きのう年長さんが、色水ジュース作っていたよね」と、一緒に見たことを話してみたり。実習中に、切り口をたくさん見つけられていると思います。質問は、ジュースが好きか、何ジュースが好きか、ジュースを作ったことがあるかなど、子どもたちが答えやすい聞き方にします。

●歌をお話にする方法
子どもたちになじみのある歌をパネルシアターで展開するとき、子どもたちに伝わりやすいようにお話風にすることはよくあります。「ある日○○ちゃんは、怖い夢を見ました。朝起きるとお日様がキラキラしていて、幼稚園に行って先生やお友達と大きな声でご挨拶をすると……」というように、子どもたちの生活や園に絡めた話にしたりすると、より理解しやすいと思います。考えたストーリーは、指導案にも記載しておくとよいでしょう。

先輩VOICE→ 絵本を読むときは小さい絵本を持っていってしまうことが多かったが、大きいサイズを持っていくべきだと思った。（せん）

Part 3
指導案

時間	環境構成	予想される子どもの活動	実習生の援助・配慮
11:05		○実習生の歌を聞く ○実習生の弾き歌いを聞く ○実習生の後に続いて、1フレーズずつ一緒に歌う ○伴奏を入れて一緒に歌う	・はじめは伴奏なしで、パネルを動かしながら、実習生一人で子どもが聞き取りやすいようにゆっくりと、また楽しそうに笑顔で歌をうたう。 ・弾き歌いをする。 ・実習生の後に続いて、1フレーズずつ一緒に歌うことを伝える。 ・その際、パネルの人形を動かしながら歌う。 ・2回ほど歌ったら、ピアノで弾き歌いをする。 ・子どもの顔が見えるようにピアノの椅子の配置を調整して、子どもの歌っている様子を見ながら、子どもが歌いやすいテンポを調整する。 ・慣れてきて興奮したり、楽しさのあまりふざけて怒鳴って歌ったりする子どもがいた場合には、「どんな声で歌うと聞く人が楽しく聞けるだろう?」と子ども自身が自ら考え、気が付くような声かけをしていく。 ・子どもの様子や時間を見て切り上げる。 ・子どもの反応に共感し、満足感が得られるようにする。 ・「また歌おうね」「みんなでミックスジュースを作ってみようね」など、期待をもって終わりにできるように話をする。 ・パネル台と人形は子どもたちが遊べるように、手が届くロッカーの上に置いておく。

●CDを使ったらダメですか?

これは本当に、園によります。確認し、CDを使ってもよいのであれば、選択肢に入れてもよいでしょう。1フレーズずつ歌うときなどには、やはりピアノを使うほうがやりやすいと思います、肉声・ピアノ・CDをうまく使い分けてください。

●切り上げるタイミングは?

今回のねらいは、「歌うことを楽しむ」ということを挙げています。子どもが楽しめているようであれば、活動に与えられた時間を十分に使って楽しみましょう。その際、子どもたちが見通しをもてるように、次の予定を伝えたうえで、「あともう1回歌って今日はおしまいにしましょう」などと伝えていくとよいと思います。
また、子どもの状況で、飽きてきてしまっているようであれば、あまり長引かせるのではなく、切り上げていくことも必要です。

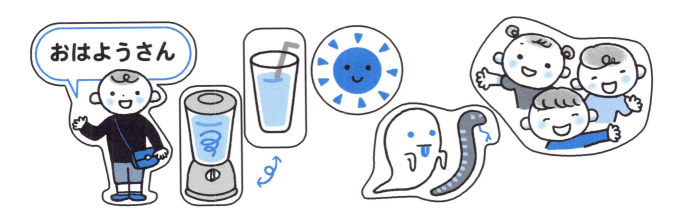

先輩VOICE　絵本を読むとき、緊張感のある場面では読み方やページのめくり方を工夫し、幼児の興味を引くように読んでみたら、幼児からの反応がいちばんいい読み聞かせをすることができた。(はこな)

Let's アレンジ！

歌を楽しんだ後の展開いろいろ

「ぼくのミックスジュース」は、イメージが膨らむ楽しい歌詞。
パネルシアターで楽しむ以外にも、歌からいろいろな活動への展開が考えられます。
子どもたちと一緒にやったら楽しそうなものを考えてみてください。

表現あそびにつなげて

キラキラのお日様を表現

怖い夢を表現

ミキサーに入れる動き

さらに…
● 子どもたちのアイディアを取り入れる

「"ミックスジュース"のところ、どうしようかな？」などと問いかけて、子どもたちの意見を取り入れた振り付けにする。

● 2人組を楽しむ
サビのところで、2人組で手をつないでぐるぐる回るなど自由にアレンジします。

・ぐるぐる回ってぶつからないよう、スペースを確保する。
・2人組は踊る直前に決めておく。
・事前に2列にならび、隣の友達と手をつないで2人組になる。
・好きな友達とペアになる。場合によっては3人組にしたりなど、子どもの姿に応じて柔軟に対応していく。

みんなで歌作り

5歳児など、文字を読める子どもたちが多いような場合は、大きめの紙1枚にオリジナルの歌詞を書き、もう1枚の紙には、歌詞の一部を空欄にして、子どもたちに意見を出してもらい、実習生が歌詞を書いて、作った歌詞をみんなで歌うなどのアレンジもあります。みんなでひとつのものを作り上げる楽しさがあります。

絵の具やクレヨンでミックスジュースを描く

お絵描きが好きな子どもたちが多ければ、歌を楽しんだ後に、コップが描かれた画用紙に好きなように色を塗り、ミックスジュースを作ってみましょう。コップを描いた画用紙に、スポンジでスタンプしながら色の変化を楽しむというアレンジもあります。

歌いながらミックスジュースを作る

ペットボトルの蓋に何色かの絵の具を入れておいて、子どもたちに1本ずつ配ります。
その後、ミックスジュースを歌いながらシェイクして歌い終わると、いろいろな色の「ミックスジュース」が出来上がります。
その際、試作してだんだん色が変化していくような工夫と、子どもがそれに気がつけるように活動を展開していく必要があります。

・前日、ペットボトルの蓋に絵の具を仕込んで、乾かしておく。
・当日は、蓋をして、ペットボトルを立てて置いておく（蓋に水が付くと溶けて色が出てしまう）。

子どもたちがペットボトルを振りながら踊ると、仕込んだ絵の具が溶けて、水に色がつきます。

絵本・シアター⑤ お話のパネルシアター（3～5歳児10月）

201X年10月XX日（火）　3歳児6名・4歳児7名・5歳児7名　あお組（計20名）
実習生氏名：

子どもの姿
【3歳児】
年長児の遊びに興味をもち、模倣して様々な遊びを楽しむ姿が見られる。
【4歳児】
友達が楽しんでいる姿に刺激を受けて一緒にやろうとする姿が見られる。
【5歳児】
友達と力を合わせる大切さや楽しさに気付き、友達を励ましたり労ったりする姿が見られる。

ねらい
・異年齢で一緒にパネルシアターを見る楽しさを味わう。
・イメージを共有しながら言葉のリズムや楽しさを味わう。

内容
・パネルシアター「おおきなかぶ」を見る。
・かぶの大きさをイメージしながら次の登場人物を想像することを楽しむ。
・子どもたちもかけ声に参加しながら、お互いの楽しさや面白さを共有する。

事前準備
・パネルシアター「おおきなかぶ」の絵人形を作り、十分に練習をしておく。
・お話の展開をしっかりと押さえて、絵人形を出したり外したりするタイミングを覚えておく。

時間	環境構成	予想される子どもの活動	実習生の援助・配慮
10：50	○パネルシアターの準備をする ・パネルを設置する。 ・3歳児の座るカーペットも準備する。 ・パネルの位置は子どもの見やすい高さにする。 ・設置場所は、まぶしくないように、逆光に注意して見やすい場所にする。 ・絵人形を置く台をパネル裏に用意し、絵人形を出す順番に並べて置く。	○実習生の前に集まる ・3歳児はカーペットに座る。 ・4歳児と5歳児は自分の椅子を持って集まり座る。 ○「きつねとうさぎ」の手遊びをする ・実習生の真似をしながら手遊びをする。 ・実習生の問いかけに応じながら他の動物の鳴き声で手遊びをする。	○3歳児には、実習生の前にあるカーペットに座るように伝え、4歳児と5歳児は自分の椅子を持って集まり、4歳児は3歳児の後ろに、5歳児は4歳児の後ろに座るように声をかける ○全員がパネルの舞台と実習生が見える位置に座れるように確認しながら子どもたちに声をかける ○子どもたちの集まり具合を見ながら、全員が集まるまで楽しく待つことができるよう「きつねとうさぎ」の手遊びをする ・始めはゆっくり、はっきりと、3歳児に合わせて行い、慣れてきたら少しスピードをあげてみたり、次は何の動物がよいか問いかけ、他の動物にアレンジしたりしながら、次の活動に期待がもてるようにする。

（環境構成欄内図）パネル舞台　実

● **実習生は手作りが一般的**
パネルシアターは、市販品や図書館で借りたものでもできますが、将来活用することも考えて、自分で手作りしたものを用意できるとよいでしょう。その方が実習生としての前向きな姿勢を示すことにもなると思います。作り方はP107も参考にしてください。

● **大事なのは、みんなが見られること**
演じる場所にもよりますが、全員が床に座ると、見えなくなってしまう子が出てしまいがちです。みんながお話に入り込めるような環境の用意が大切です。扇形に座ったり、パネルの舞台が高い場合は3歳児も自分の椅子に座ったりするとよいでしょう。また、舞台の後ろ側は壁かカーテンの方が落ち着いて見られるようです。

● **キャラクターの手あそびはNGの園もある**
手あそび「きつねとうさぎ」は、「ピカチュウ」などキャラクターにアレンジして行っている園もあります。園によってはキャラクターを保育に持ち込むことを好まないところもあるので、確認を。

● **時間調整のタイミング**
時間がおしていたらアレンジをやめたり回数を減らしたりして、柔軟に進めます。最後は、手を膝に置いて終わるようにしたり、手あそび自体ははしょらないほうが、子どもたちが注目した状態でパネルシアターを始めることができます。

先輩VOICE→『100かいだてのいえ』の普通の大きさの本は園にもあったが、縦型の大型絵本を持っていって読んだらすごくウケがよかった。（リボン）

Part3 指導案

時間	環境構成	予想される子どもの活動	実習生の援助・配慮
11:00		○パネルシアター「おおきなかぶ」を見る	○全員揃ったら、これからする活動について話す ○子どもたちからパネルシアターが見えるか確認してから始める ○明るく、表情豊かに演じるようにする ○できるだけ正面を向いて、子ども一人一人の反応を見ながら演じるようにする
		・かぶを抜く動作の繰り返しのセリフを、絵人形の動きに合わせて一緒にかけ声をかける。	○かぶを抜く動作の繰り返しの「うんとこしょ」「どっこいしょ」のところでは、登場する絵人形に合わせてかけ声をかけるように誘う ・実習生もかぶを抜く動作をして、声かけを促す。
		・次に登場する動物について想像しながら話す。	○子どもたちに次にどのような動物が登場するか問いかけの場面を作り、子どもたちの発言を引き出す
		・感想を伝え合う。	○パネルシアターが終わった後は、余韻を楽しみながら子どもたちが自由に気持ちを伝えられるような雰囲気を作る
11:30		○片付け、昼食の準備をする	○子どもたちの感想を聞きながら昼食の準備へと促していく

●「おしまい」のあとは…?

お話が終わって、「これで、おしまい」と言った後、子どもたちが自分の思いを出してくれるかどうかは、その後の実習生の第一声によるところが大きいかもしれません。「大きなかぶが抜けてよかったね」と、抜けた喜びをみんなで共有し、「大きなかぶで、何を作って食べたらおいしいかな?」などと子どもたちに問いかけるのもよいでしょう。「みんなだったら、だれを呼んでくる?」とお話の世界に入っていけるようにしたり、投げかけ方はいろいろとあります。

●なかなか終わりに向かってくれないときは…

子どもの意見や感想を、「○○もおいしそうね」「食べてみたいね」などと、時間を見ながら大体の意見を受け止めたところで、「かぶのお料理考えてたら、先生もみんなもお腹がすいてきちゃったから、お昼ごはんにしようか」などと声をかけて昼食の準備へと促し終了するのもよいでしょう。また、午後の自由あそびの時間に、自由にパネルシアターが使えるように出しておくことを伝え、午後の活動に期待をもたせて終わりにするのも手です。

先輩VOICE→ 歯磨き週間だったので、それにちなんだパネルシアターを作った。緊張してあまり覚えていないが、子どもの反応はよかった。(ぺんちゃん)

Let's アレンジ！

①製作活動とつなげて（少人数向き）

パネルシアターを見た経験から、自分の絵人形を作る活動に発展し、
別のあそびに展開するのも楽しいです。年齢に合わせて、作業を調整します。

● 準備：画用紙に、人形や動物、食べ物などの絵を印刷しておく。
画用紙の裏に、Pペーパーをのりで貼っておく（Pペーパーがない場合は、パネルに貼るときに、画用紙の裏を紙ヤスリで2回ほどこすり、少し毛羽立たせれば直接貼ることもできる）。

● 子どもたちの作業：好きな絵を選び、色を塗ったり顔を描いたりする。
完成したら、自分の絵人形をパネルに貼る。

Pペーパー

Pペーパーを使わずに紙ヤスリでこするときは、実習生が魔法の紙（紙ヤスリ）でくっつくようにするイメージにするとよい。

・5歳児には、自分で自由に描けるように白い画用紙を渡してもよい。
・一人一人順番に貼って、即興で物語をつないだり、その絵人形を、次にパネルシアターを演じる際に参加できるようにしたりするのも楽しい。

例えば…「おおきなかぶ」だったら
「次は誰に手伝ってもらおうかな」「○○ちゃん手伝って」と言って子どもを呼び、話をアレンジして子どもに自分の絵人形をパネルに貼って参加してもらう。

先輩VOICE⇒ 『おおきなかぶ』の絵本は（3歳児クラス）、自分が思っていた以上に「うんとこしょ どっこいしょ」の部分に食いつき、同じ動作を行って楽しんでいた。（乙女）

②パネルシアターごっこにつなげて

パネルシアターを演じた後も、保育室で自由に使えるようにしておくことによって、
5歳児が3歳児に印象に残っているシーンを演じてみせたり、登場人物を分担してその役をそれぞれが演じたり、
パネルシアターごっことしてあそびを発展させることもできます。

- ほかの活動の邪魔にならないように、パネル布を壁に貼っておいたり、パネルシアターの舞台を安全な場所に設置しておいたりする。
- 自由あそびの時間に、実習生もまじってあそぶと楽しい。

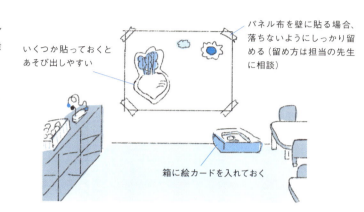

③パネルシアターがうまく演じられない場合

パネルシアターは、保育者のポピュラーな技術ですから、苦手だなと思っても、実習で体験しておくとよいと思います。下に挙げた演じる際のポイントを、なにか1つでも意識してやってみることです。

- お話の展開をしっかりと押さえておく。山場はどこか押さえておくとメリハリが出る。
- 絵人形を出したり外したりするタイミングを覚えておく。
- ゆっくりと、表情豊かに話す。少し大げさなくらいに演じるように意識したほうが、子どもには伝わる。
- 絵人形が子どもに見えるように注意する。絵人形は全体がよく見えるように上の方を持って、セリフに合わせてタイミングよく動かす。
- 仕掛けなどがある場合は、動かし方をしっかりと練習しておく。
- 物語を進めるところは進め、子どもの様子を見ながら、子どもに問いかけて意見を反映させるなど、子どもたちも物語に巻き込みながらメリハリよく進めていくようする。

〈パネルシアターの作り方〉
- 市販の完成品やパネルシアターの作り方の本などから、型紙や絵人形をPペーパーに写し取って作成します。
- 型紙をコピーする際は、倍率が指示されている場合もありますが、演じやすい絵人形の大きさを考えながらコピーしましょう。
- コピーした型紙はPペーパーに隙間なく入るように並べて写し取ると、Pペーパーの節約になります。
- 絵人形の色は遠くからでも見えるようにしっかり塗り、油性ペンなどではっきりと縁取りをすることも大切です。
- 作り方の本などに付いている演じ方や挿入歌などを参考にしながら十分に練習して、自分のものにしてください。

先輩VOICE⇨ ペープサートでシルエットクイズをやった。子どもたちには簡単すぎて、早く終わってしまって焦ったが、先生のアドバイスで鳴き声クイズなどもやって、子どもたちが楽しんでいる姿を見られてよかった。(☺)

絵本・シアター⑥ 紙芝居（3〜5歳児6月）

201X年6月XX日（火）　3〜5歳児　たいよう組（計20名）　実習生氏名：

子どもの姿

◎3歳児
・手遊びや絵本は好きなようで、真剣に見聞きする姿が見られる。
・4、5歳児の遊びに興味があるようで、じっと見ていたり、真似して遊び始めたりする姿が見られる。
・友達とのやり取りも見られるが、一人で楽しんでいることのほうが多い。

◎4歳児
・登園してすぐに友達を誘い、虫探しやごっこ遊びを楽しむ子どもや、廃材製作など楽しむ子どもがいる。
・自分の思いを言葉でうまく伝えられず、トラブルに発展することがある。
・喜んで3歳児のお世話をする姿が見られる。
・5歳児の遊ぶ姿に刺激を受けているようで真似をしたり、年長児の遊びの輪に入ろうとしたりする姿が見られる。

◎5歳児
・気の合う友達と誘い合って、高鬼やドッジボールなどの遊びを楽しんでいる。
・遊びの中で人数を数えたり、手紙を書いたり、絵本を読んだりする姿が見られる。
・ケンカが起こった際は、保育者の援助を求めることもあるが、自分たちで解決していくようになってきている。

ねらい

・明日への期待をもって、園での一日を終える。
・異年齢児で声を合わせる楽しさを味わう。
・紙芝居を通してやり取りを楽しむ。

内容

・手遊び「パンやさんにおかいもの」をする。
・紙芝居『ごきげんのわるいコックさん』を見る。

事前準備

・幕紙　・紙芝居『ごきげんのわるいコックさん』
・机1台　・舞台　・ござ（3歳児が座れる枚数）　・大型積み木（4歳児の人数分）　・椅子（5歳児の人数分）
※背景に明るい窓や、気が散るような装飾がない場所に設置する

時間	環境構成	予想される子どもの活動	実習生の援助・配慮
14:10	保育室 ［実］紙芝居の舞台 ピアノ 　　　　3歳児 ロッカー　4歳児 　　　　5歳児 　　　　出入口	○実習生の周りに集まる ・3歳児はござ、4歳児は大型積み木、5歳児は椅子に座る。 ○手遊び「パンやさんにおかいもの」をする	・帰りの支度が終わったら、実習生の周りに、年齢順に座るように声をかける。 ・支度ができた子どもには、困っている友達やなかなか進まない3歳児の手伝いをしていけるような声かけをしていく。 ・座る場所が見当たらず困っていそうな場合は、空いている場所を教える。 ・座る場所をめぐってトラブルになった子どもには、それぞれの気持ちを受け止め、納得して座れるようにする。 ・子どもがある程度集まったら、手遊びをすることを伝える。 ・支度が終わっていない子どもを気にしつつ、全員が集まるのを楽しく待てるようにする。 ・時間がかかるようであれば、子どもの状況を読み取り対応する。

出典：『ごきげんのわるいコックさん』まついのりこ作・絵　童心社　1985年

先輩VOICE　『ごきげんのわるいコックさん』、子ども参加型の紙芝居だったのですべての年齢でやってみた。反応の違いはあるけれど、どのクラスも楽しんで参加してくれたのでよかった。（ブランク）

●紙芝居は何場面のものを選べばよい？

ストーリーや文量などにもよりますが、だいたいの目安として、
0〜2歳児…8場面
3歳児…8場面、12場面
4歳児…12場面
5歳児…12場面、16場面、前後編のあるもの
と考えてよいでしょう。

●異年齢への対応はどうしたら？

園の先生たちの日頃のかかわりを参考にしながら、子どもの状況に合わせて対応を考えます。大きい子であれば、子ども自身が気がついて行動を変えられるようにしたり、3歳児であれば、さっと気分を変えてあげたり、発達に応じたかかわりがあります。全体に向けて、「楽しいことが待っているよ！」と、紙芝居に関心が向くようにするのも方法です。

●結構時間がかかる子が

支度をしようとしながらも時間がかかってしまう子がいる場合は、歌詞をアレンジして飽きないようにし、楽しみながら待ちます。あそんでいて時間がかかってしまうような場合は、周囲の状況に気がついて動けるように声かけをしていきましょう。

Part3 指導案

時間	環境構成	予想される子どもの活動	実習生の援助・配慮
14:20		○実習生の話を聞く	・最後に来た子どもも手遊びを楽しめるようにする。 ・「今日は、先生の大好きな紙芝居を用意してきました」「何が出てくるかなあ」など問いかけて期待がもてるようにする。
		・それぞれの子どもがたくさんの意見を出してくる。	・子どもの反応に丁寧に答えながらも、話が長くならないように短い言葉で応えるようにする。
		○紙芝居『ごきげんのわるいコックさん』を見る ・「見たことがある」という子どもがいる。	・紙芝居を演じる。 ・「見たことがある」という子どもには、うなずいたり、「知らないお友達もいるから内緒にしておいてね」など声をかけたりしていく。
			・「ねえ、どうしたらごきげんよくなるの。コックさん」など問いかけるときは、間をしっかり取り、紙の抜き方にも気を付ける。
		・絵や話に反応して思わず声を出してしまう。	・登場人物の雰囲気が出るように抑揚をつけ、間や紙の抜き方に気を付けながら演じる。
		・「コックさ〜んこっちむいて」と声を合わせながら呼ぶ。	・子どもの表情を見ながら、問いかけるように話す。 ・「コックさ〜んこっちむいて」と問いかけるところでは、子どもが声をかけるタイミングを取りやすいようにする。 ・子どもの反応を見ながら、楽しく演じる。 ・集中できない子どもがいる場合は、その子と目を合わせるなど注意が向くようにする。
14:30		○紙芝居が終わる ・実習生や友達に感想を話す。	・子どもの反応に共感し、満足感を得られるようにする。 ・「面白い顔のコックさんを思いついたら教えてね」など声をかけ、子どもたちが楽しみにできるようにしていく。

●見たことあると言われたら…
ドキッとするかもしれませんが、大丈夫。何度でも楽しめます。安心して続けましょう。「見たことあるお友達は、今日はどこがおもしろかったか後で聞かせてね」と言って進めていくのも一つです。

●紙の抜き方って…?
紙芝居は、紙をいちばん前からいちばん後ろに移すことで話が展開します。この紙を抜く動きが、お話に影響を与えます。ゆっくり、急いで、1回戻して……など。その指示まで書いてあるものも多いので、まずはそれを参考にして。『ごきげんのわるいコックさん』には詳しく書いてありますので、その通りにすれば大丈夫です。

●低年齢児を意識するなら?
「どんな顔になっていると思う?」「こんなかな?」「それともこんなかな?」など、やり取りを挟んでもよいでしょう。また、ぺろぺろキャンディーが増えていく場面では、そのまま読むのではなく、指をさしながら数を確認すると低年齢でもわかりやすいです。

Let's アレンジ！

終わり方のアレンジほかにも…

●キャンディーはどんな味?
事前にペープサートなどでキャンディーを作っておいて、紙芝居後に「みんなはどんなキャンディーが好きかな?」など問いかけ、ペープサートの表と裏で異なる色をつけて、くるくる回すなどして楽しむのも一つです。さらに翌日、キャンディー作りの素材を置いておくなどもあります。

●みんなとサヨナラをするコックさんはどんな顔?
パネル絵人形でさまざまな形の顔のパーツを作って裏返しにしておきます。その状態で何人かの子どもたちに選んでもらい、パネルに貼っていくと、想像できないような「みんなとさよならをするコックさんの顔」の出来上がり。翌日もあそべるように、子どもたちの手が届くロッカーの上に置いておくこともできます。

先輩VOICE→ 『えんそくバス』の本、実習がちょうど遠足時期だったので、時期がピッタリで子どもたちが楽しそうに見てくれて、保育者にも「時期がピッタリでいいね」と褒められたのでうれしかったです。(腹黒くん)

column

絵本選び・読み聞かせのポイント

実習生にとって絵本の読み書かせは、最も取り組みやすい部分実習の一つです。
導入に手あそびをして絵本を読むというような簡単な指導案を作成して臨む場合もありますし、
製作などの主活動の導入に絵本を読んだり、
担任の先生と相談しながらタイミングを見てさせていただく場合もあります。
また、園にある絵本の中から選んで読むように指示があるときもあります。いずれにしても、
子どもにとって絵本を読んでもらうことは大きな喜びであり、大切な経験の一つとなっていくものです。

絵本を選ぶ

絵本は、この年齢＝この絵本と限定するものではありません。赤ちゃんには難しいということはあっても、赤ちゃん向けの絵本でも大人が楽しめることもあります。柔軟に考えて担当クラスに合った絵本を選んでみましょう。もちろん、選んだ絵本の下読みをしっかりとしておくことも大切です。

●0〜1歳児

一人座りができない赤ちゃんは抱っこをしたり、ラックに座らせたりします。まだ視力が充分ではないので、絵が大きく正面向きで両目がはっきりと描かれているものや、繰り返しのリズムのある言葉の絵本がよいでしょう。絵本を読むときはリズムに合わせて体を軽く揺すったり、擬音語・擬態語や動物の鳴き声などを生き生きと読みます。一人で座れる頃になると、動物や食べ物など身近なものの絵もよく見るようになります。読んでいるところを指さしたり、動物のまねをしてみたりするのもよいでしょう。☞『もこ もこもこ』（作：谷川俊太郎　絵：元永定正　文研出版）『いない いない ばあ』（文：松谷みよ子　絵：瀬川康男　童心社）など

●1〜2歳児

この頃になると、自分の知っているものを指さし、言葉をたくさん覚えていくので、身近なものが描かれたわかりやすい文章の絵本がよいでしょう。絵本に出てきた乗り物や動物をイメージしながら再現するあそびも楽しめます。☞『おべんとうバス』（作・絵：真珠まりこ　ひさかたチャイルド）『がたん ごとん がたん ごとん』（作：安西水丸　福音館書店）など

●2〜3歳児

視力も育ってきて、みんなで一緒に見ることも楽しめるようになってきます。実体験があり、よく知っ

ている内容や、イメージが膨らむ内容の絵本がよいでしょう。絵を追って内容を理解していることも多いので、わかりやすい絵と文章のお話をゆっくりと読んでじっくりと絵を見せ、子どもの発見にも共感しながら読むことも大切です。☞『ねずみくんのチョッキ』（作：なかえよしを　絵：上野紀子　ポプラ社）『しろくまちゃんのほっとけーき』（作：わかやまけん　こぐま社）など

● 3〜4歳児

さまざまなことに興味や関心が広がってくる頃なので、物語や昔話、科学絵本もよいでしょう。少し長めのお話も楽しめるようになってきます。一緒に見る人数も多くなってくるので、全員が見える場所に座っているか確認しましょう。絵本を読むときは、ゆっくりと表紙を見せて物語の世界を大切にしながら読んでいきましょう。☞『ぐりとぐら』（作：中川李枝子　絵：大村百合子　福音館書店）『ばけばけばけばけばけ　ばけたくん』(文・絵：岩田明子　大日本図書）など

● 4〜5歳児

時間の流れや因果関係も捉えられるようになり、起承転結のある絵本や文章量の多い物語などにも心を動かし、知的要求も高まり多くのことを学び取っていくので、幅広いジャンルの絵本と出会うようにします。絵本の種類に合わせて読み方も工夫しましょう。しかし、作品の世界を壊さないように大げさすぎないことも大切です。読後は感想や教訓めいたことを押し付けたりせず子どもの思いを大切に受け止めましょう。☞『かいじゅうたちのいるところ』（作：モーリス・センダック　訳：じんぐうてるお　冨山房）『にじいろのさかな』（作・絵：マーカス・フィスター　訳：谷川俊太郎　講談社)など

＊縦割りのクラスなど異年齢の子どもたちに読む場合は、下の年齢の子どもに基準を合わせ、大人数の場合は、大型絵本も上手に活用するとよいでしょう。そして何より、実際に読んでみて自分自身がおもしろいと思ったり、感動したりできるものを選ぶことです。読み手自身が楽しむことで、子どもにも絵本の世界の素晴らしさが伝わるからです。

＊魅力的な絵本は、実習園ですでに活用されている場合もあると思います。もしかしたら園にあるかもという心の準備をしておくことも必要と思います。同じ作者の別の本も参考にしてみてください。

絵本リスト

園によくある絵本や、実習生が読み聞かせをして反応がよかった絵本などをまとめたリストです。

0歳児	1歳児	2歳児	3歳児	4歳児	5歳児	タイトル	作者	出版社
●	●					「くだものさん」	作：tupera tupera	学研プラス
●	●					「じゃあじゃあびりびり」	作・絵：まつい のりこ	偕成社
●	●					「でてこい でてこい」	作・絵：はやし あきこ	福音館書店
●	●	●				「くだもの」	作：平山 和子	福音館書店
●	●					「たぬきのじどうしゃ」	作・絵：長 新太	偕成社
●	●					「どんどこ ももんちゃん」	作：とよた かずひこ	童心社
●	●					「にんじん」	作・絵：せな けいこ	福音館書店
●	●					「ぴょーん」	作・絵：まつおか たつひで	ポプラ社
●	●	●	●			「だるまさんが」「だるまちゃんの」「だるまちゃんと」	作：かがくい ひろし	ブロンズ新社
●	●					「ねないこだれだ」	作・絵：せな けいこ	福音館書店
	●					「がちゃがちゃ どんどん」	作：元永 定正	福音館書店
	●					「きんぎょがにげた」	作：五味 太郎	福音館書店
	●	●	●			「あおくんときいろちゃん」	作・絵：レオ・レオーニ 訳：藤田 圭雄	至光社
	●					「あがりめさがりめ」	絵：つちだのぶこ	学研教育みらい
	●					「うしろにいるのだあれ」	作・絵：accototo ふくだとしお＋あきこ	幻冬舎
	●					「たまごのえほん」	作：いしかわ こうじ	童心社
	●					「とりかえっこ」	作：さとう わきこ 絵：二俣 英五郎	ポプラ社
	●	●	●	●		「14ひきの」シリーズ	作・絵：いわむら かずお	童心社
	●	●				「せんろはつづく」	文：竹下 文子 絵：鈴木 まもる	金の星社
	●	●				「ぞうくんのさんぽ」	作・絵：なかの ひろたか	福音館書店
	●	●				「なきむしえんはおおさわぎ」	作：さくら ともこ 絵：吉村 司	PHP研究所
	●	●				「ブルくんとかなちゃん」	作・絵：ふくざわ ゆみこ	福音館書店
	●	●			○	「きいろいのはちょうちょ」	作・絵：五味 太郎	偕成社
	●	●				「やさいのおなか」	作・絵：きうち かつ	福音館書店
		●	●	●	●	「わにわにのおおけが」	文：小風 さち 絵：山口 マオ	福音館書店
		●	●	●		「おばけパーティ」	作：ジャック・デュケノワ 訳：おおさわ あきら	ほるぷ出版
		●	●	●		「す〜べりだい」	作：鈴木 のりたけ	PHP研究所
		●	●	●		「どうぞのいす」	作：香山 美子 絵：柿本 幸造	ひさかたチャイルド
		●	●	●	●	「おおきなかぶ」	作：A・トルストイ 絵：佐藤 忠良 訳：内田 莉莎子	福音館書店
		●	●	●		「きょだいな きょだいな」	作：長谷川 摂子 絵：降矢 なな	福音館書店
		●	●	●		「ぐるんぱのようちえん」	作：西内 ミナミ 絵：堀内 誠一	福音館書店
		●	●	●	○	「くれよんのくろくん」	作・絵：なかや みわ	童心社
		●	●	●		「三びきのやぎのがらがらどん」	作：北欧民話 絵：マーシャ・ブラウン 訳：せた ていじ	福音館書店
		●	●	●		「しりとりのだいすきなおうさま」	作：中村 翔子 絵：はた こうしろう	鈴木出版
		●	●	●		「なにをたべてきたの？」	文：岸田 衿子 絵：長野 博一	佼成出版社
		●	●	●	○	「なめれおん」	作・絵：あきやま ただし	佼成出版社
		●	●	●		「はらぺこあおむし」	作・絵：エリック・カール 訳：もり ひさし	偕成社
			●	●	○	「わたしのワンピース」	作：西巻 茅子	こぐま社
			●	●		「めっきらもっきらどおんどん」	作：長谷川 摂子 絵：ふりや なな	福音館書店
			●	●	●	「11ぴきのねこ」シリーズ	作：馬場 のぼる	こぐま社
			●	●	●	「いたずらきかんしゃ ちゅうちゅう」	作・絵：バージニア・リー・バートン 訳：村岡 花子	福音館書店
			●	●		「おにぎりおにぎり」	画：せべ まさゆき 原案：林 彩子	学研教育みらい
			●	●		「からすのパンやさん」	作：かこ さとし	偕成社
			●	●		「くまさんのずぼん」	作：柴野 民三 絵：いもと ようこ	ひかりのくに
			●	●		「さるのせんせいとへびのかんごふさん」	作：穂高 順也 絵：荒井 良二	ビリケン出版
			●	●		「ぜったいたべないからね」	作：ローレン・チャイルド 訳：木坂 涼	フレーベル館
			●	●		「てぶくろ」	作：ウクライナ民話 絵：エウゲーニー・M・ラチョフ 訳：内田 莉莎子	福音館書店
			●	●		「おれたち、ともだち！」シリーズ	作：内田 麟太郎 絵：降矢 なな	偕成社
			●	●		「どろんこハリー」	作：ジーン・ジオン 絵：マーガレット・ブロイ・グレアム 訳：わたなべ しげお	福音館書店
			●	●		「ないたあかおに」	作：浜田 廣介 絵：野村 たかあき	講談社
			●	●		「はじめてのおつかい」	作：筒井 頼子 絵：林 明子	福音館書店
			●			「ほげちゃん」	作：やぎ たみこ	偕成社
				●		「おかあちゃんが つくったる」	作：長谷川 義史	講談社
				●		「キャベツがたべたいのです」	著：シゲタサヤカ	教育画劇
				●		「こんとあき」	作：林 明子	福音館書店
				●		「こんもりくん」	作：山西 ゲンイチ	偕成社
				●		「ざぼんじいさんのかきのき」	作：すとう あさえ 絵：織茂 恭子	岩崎書店
				●		「とっておきのカレー」	作・絵：きたじま ごうき	絵本塾出版
				●	●	「へんしんトンネル」	作・絵：あきやま ただし	金の星社
				●		「ぼくのかえりみち」	作・絵：ひがし ちから	BL出版
				●		「わすれられないおくりもの」	作：スーザン・バーレイ 訳：小川 仁央	評論社

○は製作の導入などに使う場合

【備えて安心】

保育実習の不安撃退！

Q & A

保育実習中は、思いもかけないハプニングや、
どう行動したらよいのか、迷う場面がたくさんあります。
・迷ったときは、園に相談！（日誌や指導案、子どもとのかかわりについて、実習担当の先生とやり取りしながら進めていくことが実習のベースですから……尻込みせずにいろいろと質問しましょう！）
・困ったときは養成校に相談！（養成校は、どんなときも実習生の味方です！）
…が原則ですが、実習が始まる前にあらかじめ備えておけば、
実際に問題にぶつかったときも、少しは落ち着いて対応できるはず。
Part1とこのQ&Aで、さまざまな不安を解消しておきましょう。

● 実習先に行くまでに…

Q1
遅刻しそう！
こんなとき、どうしたらいいの？！

A1
1分でも遅刻しそうなら、実習先の園と養成校の両方に連絡を。どれくらい遅れるのか、見通しを伝えましょう。列車の遅延などで見通しがわからない場合は、そのことも伝えます。間違っても、「あと5分で着くから、とりあえず向かっちゃおう」「電話する時間を省けばギリギリ間に合いそう」と思うのはダメですよ！
実習生同士が待ち合わせして園に向かうこともあるようですが、仲間が約束の時間に現れないから、と待っているのは言語道断。遅れずに園に向かうことを優先してください。それが社会人の常識です。

Q2
体調が悪いから、実習を
お休みしたいんですけど……。

A2
お休みしたい旨とその理由を、実習先と養成校へ自分で連絡しましょう。体調不良が原因の場合は、その後、必ず病院に行き、病名や、いつ治りそうかなどについて、医師の診断を受け、実習先と養成校に伝えます。そして、実習が再開できるようになったら、実習先だけでなく養成校にも伝えます。
なぜ受診するのかというと、感染性の病気の場合は、実習を再開できる日程などの診断が重要ですし、受診した事実があれば、養成校も何らかの援助ができるかもしれないからです。そのためにも、実習が始まる前に、住まいの近くの病院を調べておくと、いざというとき慌てずにすむかもしれませんね。
そして、厳しいようですが「受診するほどでない病状なら休まない」というのが実習の原則です……。

Q3
実は持病があるのですが、
あまり人に言いたくない……。

A3
言いたくない気持ちもわかりますが、実習前に養成校には伝えておいたほうがいいでしょう。実習中は、どんなに健康な人でも疲労がたまります。持病がある場合は、なおさら「症状が出やすい」と想定して間違いありません。事前に養成校に伝えておけば、いざというときに備えて何らかの配慮をしてくれるかもしれません。養成校が学生の許可なしに病気のことを実習先に伝えることはないので、心配なことは養成校の先生に相談してみてはどうでしょうか？

Q4
実習先の先生たちの髪型や服装が自由な雰囲気。同じようにしていい？

A4
いくら実習先の先生たちの髪型がロングのストレート、メークばっちり、露出度の高い服でも、「じゃあ私も」と思ったら、とんだお門違いですよ！ 先生方はそれをうまく払ったり隠したりしながら保育をする技術を持っています。でも、実習生であるあなたは「勉強中の身」。そんな技術は持ち合わせません。
実習生に適した身なりは、表情がちゃんと見えるような、ばらつかない髪型、顔色が非常に悪くない限りは基本的に素顔、前かがみになっても背中や脇が見えないような露出度の低い服。実習先は「学びの場」であることを忘れずに。

●実習中に気をつけたいこと

Q5
子どもの鼻水を拭くのだから、園のティッシュを使ってもいいでしょ？

A5
「ティッシュ1枚くらい」という、その気持ちがアウトです。もし、実習でピアノが必要な場合は、必ず実習先の先生に使用許可をもらいますね？ ティッシュでも同様です。まず自分が持ってきたものを使い、それがなくなったら、「使ってもいいですか？ ○○ちゃんのはなが出ているんですけど、自分の持ってきたものが切れてしまって」と一声かけてください。実習先の物を借りるときには、どんなにささいなものでも「使わせていただく」という気持ちを忘れずに。ちなみに、教材などはすべて、自分で用意して行きましょう。

Q6
実習先の先生から指導案のコピーをもらいました。持って帰っていい？

A6
書類のコピーをもらった場合は、コピー代を支払うことを伝えましょう。「支払う必要はない」と言われたら、ありがたくいただきましょう。そして、園外に持ち出してもいい書類なのか確認します。持ち出し不可の場合は、園内で確認して、用が済んだら返却しましょう。持ち出し可の場合でも、なくさないように日誌に貼り付けておくなど、「貴重な資料を持ち歩いている」という意識を忘れずに。

Q7
子どもをけがさせてしまった／けがをしてしまった！

A7
子どもにけがをさせてしまったときや、けがをした場に居合わせたときは、まずは担任の先生にけがの経緯を報告します。手当てよりも「報告」が優先です。けがをした子ども以上に実習生が慌てることもありますが、まずは落ち着いて。実習生がけがをさせてしまっても、正直に報告してください。それも含めて、担任の保育です。
逆に、自分がけがをした場合も、隠さずに担任に報告を。言いにくいですが、子どもの姿を伝えるためにも必要です。「噛みつかれるようなことをしてしまいました。改善点はありますか？」といった言い方で伝えてみては？ また、どちらの場合も養成校に報告しましょう。

Q8
来る日も来る日も、掃除ばかり。保育したいのに……。

A8
「靴棚を拭いていて」と頼まれて、午前中まるまる掃除だけ……ということ、あるようですね。でも、どんなことでも、園の中で行われていることは、子どもの生活やあそびにつながっているものです。そこから何かを学ぼうとするのが実習生の仕事。靴棚の掃除だって、靴棚一つ一つの汚れから子どもの姿を知るきっかけに。掃除や雑用だって大事。環境整備は重要な保育の仕事です。
それに掃除は、その人の性質が表れやすいもの。ごみの捨て方一つに、丁寧に仕事をする人かどうかが表れます。実習先の先生方にとって、あなたが「任せられる人かどうか」を見極める指針になるのです。掃除は毎日繰り返すことも多いもの。2日目には自分から進んで掃除をすれば、この実習生はよく気がつくなと信頼や評価にもつながります。

Q9
実習中にトイレに行きたくなったら、そっと離れるべき？

A9
実習生がその場にいることを前提として、先生方は動いています。断りナシに保育の場から離れると、万が一、災害などがあった際、困るのは実習先の先生です。必ず、一言断ってからトイレに行きましょう。一斉活動の時間の場合は、流れを止めないように、活動が切り替わる際に行くことが大事です。また、戻る際も、ちゃんと戻ったことが先生に伝わるようにしましょう。

Q10
給食やおやつで、苦手な食べ物が！子どもの手前、食べるべき？

A10
難しい問題です。保育者や実習生が子どもと一緒に食事をするのは、モデルになるという役割もありますが、無理に食べて体調が優れなくなるようなら、食事の配膳の際にでも、担任の先生に申し出て相談してみましょう。でも、可能な限り努力はしてほしいです。ちなみに、子どもに見透かされて「僕、食べてあげるよ」と言われても、決してあげないように！　その子のアレルギー食材だった場合に取り返しがつきません。実習生が食物アレルギーの場合は、実習が始まるまでに、養成校に相談のうえ、実習先にも申告してください。クラスが変わるたびに、担任の先生にも伝えるようにしましょう。

Q11
そろそろ帰り時間なのに、誰も気づいてくれない……。

A11
確かに、実習生のほうから「5時になったので、失礼します」とは言いにくいですね。保護者と話しているなど、実習生に声をかけられない理由が先生の方にもあるかもしれません。ただ、実習時間をはるかに超過しているのに声をかけてもらえない場合は、「何かやることはありますか？」とか、「ここまで終わりましたけど、どうしましょう？」などと声をかけてみてもよいでしょう。「明日のねらいをうかがいたいのですが」と、明日のことを聞いてみるのもいいかもしれません。連日にわたって遅くなる場合は養成校の先生に相談を。

Q12
「子どもとかかわらないで」と言われた！ショックです……。

A12
実習が楽しみだった分だけ、戸惑いやショックは大きいですね。「子どもにかかわらないで」と実習先が言う場合、二つの理由が考えられます。一つは「園での子どもとのかかわりを客観的に見てほしい」から。もう一つは「子どもとかかわるには、あなたはまだ課題がある」と判断したから。どちらなのかは判断がつきにくいでしょうから、まずは実習先の指示に従いつつ、養成校の先生に相談してみましょう。

Q13
実習で憔悴した私を心配し、親が「実習先に連絡する」と言ってます。

A13
絶対にやめてください。実習は、養成校と実習園との契約です。家族が割って入る場はありません。その代わり、保護者が養成校に連絡することはなんら問題ありません。家族が心配する気持ちもわかるので、その場合は実習先ではなく養成校に相談してもらうようにしましょう。

● そのほかの困りごと

Q14
「携帯電話の番号を教えてほしい」と実習先に言われた。教えるべき？

A14
実習に必要な情報は、養成校から実習先にあらかじめ伝えているはず。それ以上に情報が必要だと言われた場合は、「申し訳ありませんが、養成校の先生に相談してからでもよいでしょうか」と言って断りましょう。必要以上の個人情報はあえて伝える必要はありません。また、実習中は、実習先の先生との私的な付き合いは避けましょう。実習先に知り合いが勤務していたりすることもあるでしょう。そのような場合でも、園外で会ったり、メールやSNSでやり取りしたりするのはやめましょう。ついでに、実習に関することをSNSにあげるのは絶対にNG！どんなことであれ、やめましょう。実習は個人で行っているのではなく、養成校に所属している学生として園で実習をしています。あくまで公の立場を貫きましょう。

Q15
実習期間中の休日に「アルバイトに来てほしい」と頼まれました。

A15
実習は学習ですから、その間に金銭をいただく労働を引き受けると、公の立場でありながら私的な契約を結んだことになります。「実習中のアルバイトは養成校から禁じられているので」と言って、はっきりと断りましょう。

Q16
「実習が終わったら、うちの園に就職しない？」と誘われました。

A16
強く勧誘されると断りづらいですよね。でも、求人票もなく、どんな条件かもわからないうちに返事をしてはいけません。自分としては「就職したい」気持ちがあっても、「お声がけいただいてありがとうございます。養成校や家族と相談して実習後にお返事します」と答えて、実習期間中の即答は避けましょう。
また、「実習後に手伝いに来てほしい」と言われても、その場での返事は避けましょう。学業を優先させつつ手伝うことは、最終的に本人の自由ではありますが、安易に引き受けると、結局行けなかった場合、子どもたちを悲しませてしまいます。また、断ったとしても、実習の成績に響くことはありません。

Q17
「将来は保育園？幼稚園？」と聞かれた。
正直に答えるべき？

A17
例えば幼稚園を希望しているあなたが、実習先である幼稚園にこのような質問されたのなら、即答しても誰も嫌な気持ちにならないのでかまいません。が、実習先が保育園なのに、「幼稚園に勤めたい」などと答えるのは、あまりにも世間知らずです。わざわざ本音を言って波風を立てる理由はありません。「自分がどういう道に進むかは、まだ考え中です」などと答えるのが礼儀です。

Q18
頑張ったけれど、実習は失敗だらけ。
私は保育者には向いてないのかも。

A18
張り切って実習に出かけたけれど、落胆して帰ってくる実習生は必ずいます。「私は保育者に向いていない」と自信をなくすこともよくあります。では、うまくいかなかった理由はなんでしょう。
① 準備不足だった
② 体調を崩した
③ 実習先の担任の先生と合わなかった、しかられることが多かった
④ 先生方のいやな部分を目撃してしまった（教職員が互いの悪口を言っていた、保護者の悪口を言っているのを聞いてしまった、など）
⑤ その他

①②はあなた自身の問題です。単純な問題ですから、気がついたら前向きに、早速努力し、体力づくりに励めば解決します。

③はちょっと複雑な問題です。先生方も人間ですから、あなたとの「相性」の問題があるのかもしれません。あるいは、あなたからのコミュニケーション不足があるのかもしれません。学校生活とは違い、実習は「教えてもらう」場ではなく「学び取る」場であり、実習生のあなたからの積極的な働きかけが必要なのです。遠慮や我慢は必要ありません。
また、④のような問題は「例外！」と思って割り切りましょう。

あなたがたまたま行った実習先が、園の"すべて"ではありません。一度や二度の実習で、保育者になる夢をあきらめないでください。世の中は広いのです。あなたを待っている子どもたちと園は、ほかにもたくさんあるのですから。

●監修　岸井慶子
公立幼稚園教諭として16年勤務後、愛育幼稚園園長、鎌倉女子大学短期大学部教授、秋草学園短期大学教授などを経て現職、青山学院女子短期大学子ども学科教授。『見えてくる子どもの世界 ビデオ記録を通して保育の魅力を探る』（ミネルヴァ書房）など著書多数。

●編著　保育実習研究部会
保育教諭養成課程研究会の実習部会のメンバーを中心とした、保育実習に悩む学生のため結成された研究部会。現場での実践経験豊富で保育現場に精通し、現在進行形で、養成校などさまざまな立場で学生の実習指導にあたっており、そのまなざしは厳しくも温かい。

保育実習研究部会メンバー　※所属、役職などは制作当時のものです。

●編集・執筆（登場順）

岸井慶子　青山学院女子短期大学子ども学科教授
大先輩VOICE⇨　およそ50年前に実習に行きました。結果、大失敗。責任実習はやり直し。それでも大丈夫。幼稚園の先生になって楽しめました。子どもの"匂い"をたくさんつけて帰ってきてね。

松山洋平　和泉短期大学 児童福祉学科 准教授
大先輩VOICE⇨　社会人になると、やりたくでもなかなかできないことが増えてきます。学生だからこそ、実習生だからこそ経験できることがあります。どうかプラス思考で！

伊瀬玲奈　和洋女子大学 こども発達学類 助教
大先輩VOICE⇨　実習生時代の「あったら良かったな」を詰め込みました。この本を上手に活用して、早く寝て、子どもとかかわる元気を持って園に行ってらっしゃい！

●執筆（登場順）

田島大輔　文京区立お茶の水女子大学こども園 保育教諭
東洋大学ライフデザイン学部　非常勤講師
大先輩VOICE⇨　廊下での着替えも、園児からのラブレターも、失敗しすぎて話せなくなったのも、全部いい思い出話に代わる時が来ます。為せば成る、為さねば成らぬ何事も!!

本田由衣　武蔵野短期大学 幼児教育学科 教授
大先輩VOICE⇨　はじめての実習で緊張していた私。「先生！」と呼ばれたときのうれしさは忘れられません。子どもたちと一緒にあそぶことで様子がよくわかりました。日誌は宝物になりますよ。

松浦浩樹　和泉短期大学 児童福祉学科 教授
大先輩VOICE⇨　「当たって、砕けろ」って古いでしょうか？　大丈夫！　実習くらいで砕けません、それが学びですから。そして子どもが助けてくれますよ！　自分と子どもを信じて！

大神優子　和洋女子大学 こども発達学類 准教授
大先輩VOICE⇨　実習は大変かもしれませんが、自分の将来に直結するし、予想も準備もできます。おまけに各種サポートつき。折角の機会を楽しんで。

八代陽子　和泉短期大学 児童福祉学科 専任講師
大先輩VOICE⇨　実習が始まるまでは緊張でいっぱいでした。でも大丈夫！　子どもたちが明るく照らしてくれます。「失敗しちゃった」ではなく「一つ学んだぞ」精神で頑張って！

清水道代　田園調布学園大学 子ども未来学科 准教授
大先輩VOICE⇨　この本には、実習生を心から応援する気持ちが込められています。不安を力に変えて！　かわいい子どもたちと保育の楽しさに出会えること願っています。

山下佳香　聖ヶ丘教育福祉専門学校 専任教員
大先輩VOICE⇨　責任実習でピザを子どもたちと作りました。画用紙ピザなのに「美味しい！」と笑顔で食べている子どもたちの素直な心に感動しました。子どもとたくさん共感してきてね♪

齊藤崇　淑徳大学 総合福祉学部准教授
大先輩VOICE⇨　責任実習のために考えたリズムあそびを運動会種目に採用してくださったことを思い出します。必ず努力と懸命さを認めてくださる先生はいます。失敗を恐れずに！

宮﨑信子　玉川大学教師教育リサーチセンター 客員教授
十文字学園女子大学　非常勤講師
道灌山学園保育福祉専門学校 講師
大先輩VOICE⇨　実習は、学校での学びをいったん自分の体・頭・心に入れて、混ぜて・溶かして・浸み込ませてから。きっとあなたらしさが発揮できるはず。

●取材・撮影協力（登場順）
台東区立ことぶきこども園　港北幼稚園

Staff

カバー・本文デザイン●阪戸みほ
カバーイラスト●Kuff Luff
本文イラスト●かまたいくよ　Kuff Luff　sayasans　にしだきょうこ
編集協力●緒方麻希子　市東百合子　町本文子
校閲●鷗来堂